O papel do ateliê na educação infantil

EQUIVALÊNCIA DE SISTEMAS EDUCACIONAIS

Na tradução deste livro nos deparamos com a necessidade de encontrar termos equivalentes em três sistemas educacionais distintos: o italiano, o estadunidense e o brasileiro. A tabela abaixo traz uma visão simplificada das primeiras etapas dos sistemas de educação nesses três países. Note que, no caso dos Estados Unidos, há diferenças regionais e os sistemas podem variar bastante entre diferentes estados.

Itália	Estados Unidos	Brasil
Asilo Nido: 0 a 3 anos Scuola dell' Infanzia: 3 a 6 anos Scuola Primaria, ex-Scuola Elementari: a partir dos 6 anos	Infant/Toddler Centers: 0 a 3 anos Preschool: 4 a 5 anos Kindergarten: 5 a 6 anos (Ver nota explicativa na p. 53) Elementary school: a partir dos 6 anos	• Educação infantil: – Creche (0 a 3 anos) – Pré-escola (4 a 5 anos e 11 meses) • Ensino fundamental de nove anos: a partir dos 6 anos

ASSOCIADO

P214 O papel do ateliê na educação infantil : a inspiração de Reggio Emilia / Organizadores, Lella Gandini ... [et al.]; tradução : Roberto Cataldo Costa ; revisão técnica : Clarice de Campos Bourscheid. – 2. ed. – Porto Alegre : Penso, 2019.
xviii, 206 p. ; 25 cm.

ISBN 978-85-8429-159-5

1. Educação infantil. I. Gandini, Lella.

CDU 373.2

Catalogação na publicação Karin Lorien Menoncin – CRB 10/2147

Lella Gandini • Lynn Hill
Louise Cadwell • Charles Schwall
Orgs.

O papel do ateliê na educação infantil

A INSPIRAÇÃO DE REGGIO EMILIA

2ª
EDIÇÃO

Tradução
Roberto Cataldo Costa

Revisão Técnica
Clarice de Campos Bourscheid
Licenciada em Música pela Universidade Federal do Rio Grande do Sul (UFRGS).
Especialista em Pedagogia da Arte pela UFRGS. Mestre em Educação pela
Universidade de Santa Cruz do Sul (UNISC).

penso

2019

Obra originalmente publicada sob o título
In the spirit of the studio: learning from the atelier of Reggio Emilia, 2nd Edition.
ISBN 9780807756324

Gerente editorial
Letícia Bispo de Lima

Colaboraram nesta edição:

Editora
Paola Araújo de Oliveira

Capa
Márcio Monticelli

Imagem da capa
© *shutterstock.com/Rufiyana Nikitushkina, Colorful paint, shot close-up*

Preparação de originais
Daniela de Freitas Louzada

Leitura final
Marquieli de Oliveira

Editoração
Ledur Serviços Editoriais Ltda.

Av. Jerônimo de Ornelas, 670 – Santana
90040-340 Porto Alegre RS
Fone: (51) 3027-7000 Fax: (51) 3027-7070

Unidade São Paulo
Rua Doutor Cesário Mota Jr., 63 – Vila Buarque
01221-020 São Paulo SP
Fone: (11) 3221-9033

SAC 0800 703-3444 – www.grupoa.com.br

IMPRESSO NO BRASIL
PRINTED IN BRAZIL

Autores

Lella Gandini (Org.) mudou-se da Itália para os Estados Unidos em 1972, mas se manteve conectada, como educadora e mãe, aos programas inovadores na educação infantil de seu país de origem, principalmente os das cidades de Pistoia e Reggio Emilia. Cursou a graduação e o mestrado no Smith College e o doutorado em Educação na University of Massachusetts, onde lecionou junto a dois de seus professores, George Forman e Carolyn Edwards. Na Itália, publicou vários livros para crianças com foco principalmente em canções infantis e contos de fadas tradicionais. À medida que se familiarizava com as escolas e as creches nos Estados Unidos, percebeu que muitas das práticas que observava não correspondiam às teorias de desenvolvimento infantil que estudara, as quais valorizavam os relacionamentos e a aprendizagem. Assim, começou a levar materiais visuais e histórias documentadas de Pistoia e Reggio Emilia para apresentar e publicar nos Estados Unidos, a fim de ajudar os educadores a abrir novas possibilidades para as crianças e para a sua própria profissão. Desde 1994, atua como contato da Reggio Children para a disseminação da abordagem de Reggio Emilia nos Estados Unidos. Desde 1997, é editora associada da revista *Innovations in Early Childhood Education: The International Reggio Exchange*. Também é professora visitante na Lesley University desde 2008. Entre as premiações que recebeu estão um Doutorado Honorário em Letras Humanísticas do Erikson Institute (2004) e a Medalha do Smith College para Alunos Destacados (2008). A mais conhecida de suas publicações para educadores é a obra *As cem linguagens da criança: a abordagem de Reggio Emilia na educação da primeira infância*, coorganizada com Edwards e Forman.

Lynn T. Hill (Org.) é Ph.D. em Desenvolvimento Infantil pela Virginia Tech, onde lecionou disciplinas de formação de professores e atuou como coordenadora de currículo e professora de ateliê na Child Development and Research Laboratory School. É fundadora do Rainbow Riders Childcare Center, em Blacksburg, Virginia, e trabalhou como assistente social sênior, atendendo a crianças colocadas pelo Estado em famílias adotivas. É coautora e coorganizadora de quatro outros livros sobre a abordagem de Reggio Emilia. Seu foco de pesquisa e a paixão de sua vida tem sido a construção de comunidades de aprendentes por meio das artes. Atualmente, é consultora educacional e trabalha principalmente com crianças carentes, suas famílias e seus professores.

Louise Cadwell (Org.) é cofundadora da Cadwell Collaborative: Sustainability Education e School Design, uma empresa de consultoria que trabalha com escolas para projetar currículos com sentido e comunidades de aprendizagem vibrantes. Em Reggio Emilia, na Itália, Louise foi membro da Diana School e da La Villetta School de 1991 a 1992. Doutorou-se em 1996 no Union Institute, é professora adjunta da Butler University e professora visitante na Lesley University. É autora de *Bringing Reggio Emilia home: an innovative approach to early childhood education* (1997) e *Bringing learning to life: the Reggio approach to early childhood education* (2002). Seu trabalho como professora e pesquisadora tem foco no desenvolvimento de crianças por meio das artes e da linguagem falada e escrita, principalmente à medida que elas descobrem seu lugar no mundo natural.

Charles Schwall (Org.) é curador pedagógico na St. Michael School of Clayton, onde foi professor de ateliê por 20 anos. Trabalhou em nível nacional como consultor educacional para escolas e apresentou-se em muitos congressos e seminários. É autor do capítulo "The atelier environment: recognizing the power of materials as languages", publicado em *Next steps towards teaching the Reggio way* (J. Hendrick, 2004, org.). Além de ser educador, também é artista, trabalhando nas áreas de pintura e desenho. (A Bruno David Gallery, em St. Louis, representa seu trabalho.) É graduado em Artes pelo Kansas City Art Institute e Mestre em Artes pela Washington University, em St. Louis. Atualmente, mora em Kansas City, onde também tem um ateliê.

Barbara Burrington foi professora no Early Childhood Teacher College, na University of Vermont, onde também coordenou programas de pré-escola na University of Vermont's Campus Children's School, de 1993 a 2007. Atualmente, é diretora de uma escola pública no noroeste de Vermont. Foi escolhida como diretora do ano pela Vermont Principals' Association Elementary, em 2012, e, em 2013, recebeu uma bolsa para profissionais da Prospect School and Center for Research and Education da University of Vermont Libraries. Seus textos foram publicados em revistas de educação infantil e como capítulos em diversos livros.

Carla Rinaldi nasceu em Reggio Emilia e estudou Pedagogia na University of Bologna. Em 1971, começou a trabalhar como pedagogista nas creches e pré-escolas de Reggio Emilia. Posteriormente, tornou-se diretora pedagógica. Em 1980, foi uma das fundadoras do National Nido Group com Loris Malaguzzi, do qual se tornou vice-presidente. É consultora sênior da Reggio Children desde 1994 e, em 2007, tornou-se sua presidente. É responsável por projetos de pesquisa com universidades – Harvard Project Zero, New Hampshire, Estocolmo e Milão – e com empresas – Lego, Sony, Alessi e IKEA. Em 2007 e 2008, participou da Comissão Nacional do Ministério da Educação da Itália. Desde 1999, leciona na University of Modena and Reggio Emilia, no curso de pós-graduação em Ciências da Educação. Alguns de seus textos foram publicados em *In dialogue with Reggio Emilia: listening, researching and learning* (2005), organizado por Peter Moss e Gunilla Dahlberg.

Lori Geismar Ryan fez doutorado em Educação Infantil, Pesquisa e Avaliação nos Departments of Education and Psychology na University of Buffalo. Como diretora de educação infantil e envolvimento familiar, trabalhou por várias décadas em um distrito escolar público no Missouri como líder em pesquisa aplicada e prática inovadora e no desenvolvimento de currículo inclusivo e baseado em projetos para crianças pequenas. Atualmente, é instrutora sênior de educação infantil na School of Education and Humand Development na University of Colorado, em Denver, onde trabalha com educação infantil, liderança educacional, escolaridade inclusiva, diversidade e equidade. Leciona disciplinas no Early Childhood Leadership Program e trabalha em parceria com escolas da comunidade para estimular o desenvolvimento de professores em formação para se tornarem educadores infantis.

Pauline Baker é atelierista, artista e *designer*, e trabalha com professores no ambiente de aprendizagem, construção e implementação de currículos, documentação e projetos de ateliê. Além disso, é consultora do Head Start e outros programas públicos e privados no Arizona. Lecionou em universidades e comunidades, trabalhando com o papel dos materiais no ensino e na aprendizagem, na criatividade e no estudo da abordagem de Reggio Emilia à educação. Colaborou nos seguintes livros: *Insights and inspirations from Reggio Emilia: stories of teachers and children from North America* (2008) e *O papel do ateliê na educação infantil: a inspiração de Reggio Emilia* (1ª edição, 2012). É cofundadora do Tucson Children's Project, uma organização sem fins lucrativos comprometida com o desenvolvimento de projetos comunitários que reúnam pessoas e recursos em apoio a experiências de aprendizagem de alta qualidade por meio do estudo e da inspiração das escolas municipais de Reggio Emilia, Itália. É Mestre em Artes pela University of Texas, em Austin.

Susan Harris MacKay é graduada em Inglês pelo Vassar College e Mestre em Artes pelo Lewis and Clark College, e leciona em escolas públicas de Oregon desde 1995. Sua participação em viagens de estudo a Reggio Emilia em 2002 e 2012, uma colaboração rica e contínua com colegas, e perguntas irrespondíveis vêm inspirando seu trabalho com professores e crianças da Opal School desde 2002. Publicou artigos no *Journal of Teacher Research, Innovations* e no *Democracy and Education,* e capítulos em *Living the questions: a guide for teacher researchers and language development: a reader for teachers.* Em seu papel atual como diretora do Portland Children's Museum Center for Learning, faz palestras e presta consultorias em níveis nacional e internacional sobre temas relacionados a artes e alfabetização, brincar, apoio à inteligência social e emocional, e incentivo das relações entre crianças, materiais e o mundo natural.

Vea Vecchi nasceu em Roma e formou-se na Academy of the Arts em Modena. Em 1970, começou a trabalhar como atelierista na Diana Preschool, em

Reggio Emilia, administrada pela prefeitura e direcionada a crianças de 3 a 6 anos. Em estreita colaboração com Loris Malaguzzi e outros autores, contribuiu para a construção das teorias e práticas pedagógicas da experiência educacional de Reggio Emilia. Trabalhou com outras pessoas na curadoria das primeiras e sucessivas edições da exposição e do catálogo *When the eye jumps over the wall* (1980), que, mais tarde, tornaram-se o livro *As cem linguagens da criança*. Desde 1994, trabalha como consultora sênior da Reggio Children e, desde 2006, é responsável por publicações, exposições e ateliês. Em 2001, recebeu um Diploma Honorário em Artes Visuais da Aalto University School of Arts Design and Architecture, em Helsinque, Finlândia. Foi curadora da exposição (2002) e do catálogo (2004) *The expressive languages of children: the artistic language of Alberto Burri* e da exposição e do catálogo *Dialogue with places* (2006). Foi membro do grupo de curadores da exposição e do catálogo *The wonder of learning* (2011).

Dedicamos nosso trabalho a você, que está com este livro em suas mãos. Você faz parte de uma grande comunidade cooperativa de educadores de todo o mundo que está criando novas e vitais visões da aprendizagem e do ensino. Que este livro honre sua coragem e estimule seus esforços.

Lella, Lynn, Louise e Chuck

Agradecimentos

Antes de mais nada, queremos agradecer aos educadores de Reggio Emilia por sua dedicação ao criar e aperfeiçoar uma experiência educacional que vem proporcionando inspiração e coragem a professores do mundo todo para que trabalhem durante toda a sua vida em algo novo e ousado, com crianças e famílias em cada um de seus contextos singulares. Agradecemos por sua imensa generosidade, por contribuírem com reflexões valiosas e substanciais para este livro e por fornecerem lindas imagens visuais de seu trabalho. Agradecemos a Loris Malaguzzi, que faleceu em 1994, e a Carla Rinaldi, Amelia Gambetti, Tiziana Filippini, Vea Vecchi, Giovanni Piazza, Bruna Elena Giacopini, Claudia Giudici e Francesca Marastoni, além dos muitos educadores de Reggio Emilia que possibilitaram nosso trabalho neste livro.

Somos igualmente gratos aos colaboradores da América do Norte, que se dedicaram a desenvolver o trabalho que descrevem nesta obra. George Forman deu uma contribuição valiosa por meio de seu conhecimento e suporte, e lhe somos gratos. Agradecemos a Pauline Baker e a Susan MacKay por sua colaboração e contribuições essenciais a este livro. Além de escrever seus próprios capítulos, Barbara Burrington e Lori Geismar Ryan também merecem nossa gratidão por seu apoio generoso e habilidoso na organização de vários outros capítulos. Agradecemos também a Barbara Acton por sua ajuda na produção desta edição.

Somos sempre gratos àqueles colegas com quem nós, e nossos autores colaboradores, trabalhamos lado a lado e dia após dia, em cada um de nossos respectivos contextos. Eles compartilham nosso comprometimento com esse trabalho e, muitas vezes, são personagens centrais nas histórias que contamos aqui. Agradecemos especialmente aos muitos educadores que deram suas contribuições. De St. Louis, Karen Schneider, Melissa Guerra, Beth Mosher, Colleen Begley, Michael Holohan, Jef Ebers e Anne Treeger, e os membros do St. Louis Collaborative. Obrigado aos educadores da Opal School, uma *charter school** e um programa do Portland Children's Museum, por seu trabalho e sua inspiração. Outros professores poderosos e inspiradores de Virginia são lembrados por

* N. de R.T. Modalidade de escola financiada com recursos públicos, mas com gestão privada.

sua coragem e sua capacidade de continuar a jornada, incluindo os membros do Giles Early Education Project, do Giles Country School System, do Virginia Tech Child Development Center for Learning and Research e do Virginia Tech Adult Day Services Program.

Somos extremamente gratos às nossas famílias por seu apoio e seu incentivo permanentes. Agradecemos a amigos e parentes por lerem partes inteiras do original e fazerem sugestões valiosas, principalmente a Lester K. Little, Jill Downen, Ashley Cadwell, Scott Hill, Katie Renga e Meg Brown. Agradecemos a todos com quem trabalhamos na Teachers College Press, em particular a Marie Ellen Larcada, Susan Liddicoat e Karl Nyberg, por sua gentileza e suas habilidades, e pela engenhosa destreza de Pam Bliss criar a capa da edição em língua inglesa. Agradecemos o apoio excepcional da Bruno David Gallery's ao trabalho dos alunos. Agradecemos especialmente a Annelise Brody pela tradução do italiano para o inglês.

No momento em que trabalhávamos juntos na última fase – a de reunir os capítulos desta 2ª edição –, na casa de Lella, em Northampton, Massachusetts, o ar era suave e o sol se punha em um lindo dia de julho. É com o espírito de colaboração com que começamos que agradecemos uns aos outros pelo privilégio de trabalharmos juntos em direção a um resultado tão bonito.

Apresentação

Este livro trata de uma extraordinária conversa entre educadores, artistas, crianças, famílias e suas comunidades, que vem ocorrendo há quase meio século em uma cidade do norte da Itália. Ela inspirou artistas e educadores de todo o mundo a participar de conversas semelhantes. Crianças em todos os lugares parecem estar prontas para participar dessas conversas sempre que forem convidadas. Contudo, parece ser necessário um pouco mais de esforço para envolver os adultos.

Sei disso porque passei a minha vida profissional tentando incentivar, alimentar e provocar esse diálogo entre artistas e educadores – uma experiência que muitas vezes é linda, mas que também pode ser frustrante e até mesmo sofrida. É claro que, na maioria das escolas de educação básica, e mesmo em muitas pré-escolas dos Estados Unidos, as interações sérias entre as artes e outras disciplinas – e entre as pessoas que lecionam cada uma delas – são mínimas ou inexistentes. Pode haver muitas razões para isso, mas não considero nenhuma delas muito convincente, principalmente à luz das inúmeras boas razões para se explorar o valor educativo das conexões entre as artes e outros propósitos e processos da educação.

Se você se pergunta quais seriam esses bons motivos, recomendo visitar as pré-escolas de Reggio Emilia, na Itália, o local onde ocorre esse longo diálogo entre arte e aprendizagem. Se não puder ir a Reggio, recomendo ler este livro, que traz uma introdução à conversa em Reggio e dá exemplos maravilhosos de como ela cruzou o Atlântico.

Vea Vecchi, uma das primeiras atelieristas de Reggio, escreveu o prefácio à 1ª edição e abordou o valor desse diálogo entre arte e educação:

> Estou convencida de que incluir um ateliê no currículo escolar e dentro de um contexto cultural que considere as linguagens expressivas tão essenciais quanto (em vez de opcionais ou marginais) as disciplinas acadêmicas que costumam ser privilegiadas hoje pode tornar a experiência da aprendizagem e o processo educativo mais completos e mais integrais (p. 15).

É claro que a educação pública nos Estados Unidos não é um contexto cultural que valorize – ou, para ser sincero, sequer compreenda – as "linguagens expressivas". Portanto, criar esse diálogo nesse país, por melhor que seja o argumento para isso, é um desafio excepcional. Com este livro, educadores norte-americanos, assim como os brasileiros que têm formação docente aproximada, podem começar a encontrar inspiração no trabalho que está sendo feito nos Estados Unidos, bem como na Itália.

A conversa em Reggio Emilia começou com uma pergunta: o que aconteceria se houvesse um ateliê no centro da escola e um artista trabalhando todos os dias com professores de sala referência? Os autores desta obra apresentam ricas imagens do ateliê e do atelierista nas escolas de Reggio, bem como a história e as ideias que servem de alicerce a essas práticas. Depois, cruzando o oceano, compartilham histórias vívidas, implementadas nas escolas norte-americanas, mas sobre como os profissionais daqui desenvolveram sua própria visão sobre o sentido do ateliê. O que torna este livro uma referência para aqueles que, como eu, se sentem inspirados (e, com toda a honestidade, também intimidados) pelas impressionantes escolas de Reggio é a reflexão e a honestidade em relação às histórias, como o relato de Lynn Hill sobre a "evolução de um ateliê intergeracional", na Virginia, a descrição de Susan MacKay sobre o ateliê em uma pré-escola e em uma escola fundamental de Oregon ou a narrativa de Barbara Burrington sobre o ateliê como um "laboratório para pensar", em Vermont, e não apenas sobre o que fizeram, mas sobre como o fizeram.

Embora concisas, as histórias não são curtas. Elas refletem décadas de envolvimento direto com as práticas e as experiências de Reggio nas escolas dos Estados Unidos. Cada relato deste livro revela o tempo, a coragem e a dedicação necessários para construir um diálogo autêntico entre artistas e professores nas escolas. A prática implica lidar com confusão e incerteza, entrar em conflito com nossos próprios valores e como eles se manifestam (ou não) na experiência vivida e aceitar as demandas de uma vida eternamente dedicada à pesquisa. Não surpreende que essas também sejam características do trabalho dos artistas quando eles entram em seus ateliês ou espaços de ensaio (os ateliês dos artistas performáticos).

Na 1ª edição deste livro, há uma entrevista com Laura Rubizzi, que há muito tempo é professora na Diana School, em Reggio Emilia. Ao discutir sua experiência com o ateliê em sua escola, ela disse: "Em vez de apenas um espaço físico, acredito que o verdadeiro ateliê seja um estado de espírito" (GANDINI et al., 2012, p. 76). Adoro esse raciocínio – de que "o verdadeiro ateliê seja uma mentalidade" –, mas o que acontece no ateliê de um artista e quais são as qualidades dessa forma de pensar?

Refletindo sobre a minha própria prática artística anterior em salas de ensaio e as muitas conversas que tive com artistas de todos os tipos, pensei nesses ateliês não apenas como espaços de trabalho, mas também como espaços de aprendizagem. Essa perspectiva me ajudou a compreender a mentalidade do ateliê. Os ateliês são espaços para produtividade, não resta dúvida, em termos de produzir objetos e construir *performances*, mas também são espaços em que as mentes podem e devem ir em busca de seus pensamentos sem censura nem vergonha, onde há tempo para olhar e escutar, para a liberdade de expressão, e onde existe o compromisso de aprofundar as questões que devem ser abordadas: as próprias qualidades de criatividade, imaginação, expressividade e pesquisa que são descritas com tanta frequência neste livro.

Portanto, os desafios são grandes, mas é possível enfrentá-los. Encontrar inspiração em Reggio e em nossos colegas mais próximos ajuda. Compreender e usar os modos de pensar de um artista, ou seja, sua mentalidade, à medida que realizamos esse trabalho também ajuda. O que estou sugerindo é que foi exatamente isso que esses educadores dos Estados Unidos e da Itália fizeram. Eles não apenas se comprometeram com o diálogo entre arte e educação, mas eles próprios também atuaram como artistas, trazendo o espírito do ateliê e a mentalidade do artista para todos os aspectos de sua concepção, seu diálogo, seu pensamento e sua prática.

Quando fui a Reggio pela primeira vez e vi as escolas pessoalmente, pensei que aquilo era o mais próximo que eu já havia estado de um movimento de vanguarda na educação. Na década de 1980, estudei com os maravilhosos artistas de vanguarda da companhia de teatro Mabou Mines, em Nova York. Assim como aqueles radicais do teatro, os educadores de Reggio questionam tudo, desafiam-se constantemente a viver e a trabalhar de acordo com seus valores, cumprem seus princípios filosóficos e respondem por eles, fazem pesquisas permanentemente, assumem emoções complexas, fazem experimentos com tecnologia e são excepcionalmente exigentes – e generosos – uns com os outros.

Em *The creative act*, um ensaio de 1963, James Baldwin escreveu: "O artista não pode nem deve dar nada como certo, e sim ir ao cerne de cada resposta e expor a pergunta que essa resposta esconde". Essa qualidade da criatividade está muito presente "no espírito do ateliê" e na mentalidade dos educadores de Reggio, começando com Malaguzzi e continuando durante os quase 50 anos seguintes.

Se, ao ler este livro, você pensar nos autores e nos educadores de Reggio, cujo trabalho tem sido sua inspiração, como artistas de vanguarda, talvez você os veja de uma perspectiva diferente. Assim como os artistas de vanguarda, eles têm um compromisso profundo com o exame do passado, mas também com a invenção do futuro, rejeitando o que claramente não funciona. Com toda a paixão, a imaginação e o impulso irrefreável que podem descobrir em si mesmos, esses educadores estão investindo rumo ao que Malaguzzi chamou de "uma nova cultura de educação" (ver p. 5 deste livro) e "um mundo do possível" (ver p. 139 deste livro).

Steven Seidel

REFERÊNCIAS

BALDWIN, J. The creative process. In: BALDWIN, J. *Collected essays*. New York: The Library of America, 1998. p. 669-672. (Obra original publicada em 1962.)

GANDINI, L. et al. (Orgs.). *O papel do ateliê na educação infantil:* a inspiração de Reggio Emilia. Porto Alegre: Penso, 2012.

Sumário

1

O contexto e a inspiração do nosso trabalho

Lella Gandini, Lynn Hill,
Louise Cadwell e Charles Schwall

> Não esconderei de você toda a esperança que investimos na implementação do **ateliê**. Sabíamos que seria impossível pedir mais. Ainda assim, se pudéssemos, teríamos ido além, criando uma escola [...] formada inteiramente por laboratórios semelhantes ao ateliê. Teríamos construído uma [...] escola formada por espaços onde as mãos das crianças pudessem estar ativas para "fazer bagunça". Sem possibilidade de se entediar, mãos e mentes se envolveriam em uma grande alegria libertadora, de modo ordenado pela biologia e pela evolução. (MALAGUZZI apud GANDINI, 2012, p. 49).

Na condição de quatro organizadores, temos muito prazer em compartilhar com vocês esta 2ª edição de *O papel do ateliê na educação infantil*. Recebemos muito incentivo para ampliar e atualizar este livro com muitas das iniciativas e dos avanços mais recentes e empolgantes, tanto em Reggio Emilia quanto na América do Norte. Vocês encontrarão alguns capítulos novos e outros que permanecem inalterados. A importância do ateliê, ou do *studio* (como costuma ser chamado na América do Norte), no apoio a formas estéticas e poéticas de conhecimento é maior do que nunca.* Por meio de histórias, os capítulos deste livro apresentam esse tipo de aprendizagem rica e profunda.

Esta 2ª edição de um livro sobre o desenvolvimento do ateliê na América do Norte continua sendo uma expedição em território desconhecido. A 1ª edição foi o primeiro livro do tipo a tratar especificamente dos valores e do clima de aprendizagem inspirados no ateliê de Reggio Emilia, que Loris Malaguzzi evoca na citação. Portanto, enxergamos o livro como um convite para olhar a realidade como se ela pudesse ser de outra forma. Acreditamos que o ato de olhar profundamente e enxergar as circunstâncias por outro viés tem potencial para reestruturar e reformar nossas experiências de ensino e de aprendizagem. O ateliê é, de uma só vez, uma ideia e um lugar que deu início a esse tipo de transformação.

---

* N. de R.T. Ao longo de todo o livro, na edição em inglês, são utilizados os termos "*studio*" e "*atelier*" de forma intercambiável. O termo inglês "*studio*" ocorre nos artigos de pesquisadores dos Estados Unidos, ao passo que "*atelier*" é usado nos artigos de pesquisadores italianos. Optamos, na versão em língua portuguesa, por manter o termo ateliê, de uso corrente na área da educação infantil no Brasil.

A transformação do ensino e da aprendizagem na América do Norte, que descrevemos neste livro, tem suas raízes na experiência das pré-escolas e creches municipais da cidade de Reggio Emilia, localizada no norte da Itália. Essas escolas nasceram a partir de um movimento progressista italiano da década de 1950. Influenciadas pelo trabalho de Piaget, Dewey, Montessori, Hawkins e outros pensadores inovadores em educação, psicologia, biologia e arquitetura, entre outros campos, elas foram sabiamente apoiadas desde o começo pelos governos regional e local. Um dos pilares centrais da abordagem de Reggio Emilia, que tem orientado e continua a motivar o trabalho dos educadores italianos, é a ideia de que toda criança é criativa, repleta de potencial e tem o desejo e o direito de produzir sentido a partir da vida dentro do contexto de relacionamentos ricos em muitos sentidos e usando muitas linguagens. Foi a partir dessa premissa fundamental que o *ateliê* foi concebido e desenvolvido, e ainda evolui.

Nós, certamente, tivemos muita sorte de que vários educadores italianos tenham contribuído com sua experiência e suas ideias para este livro, bem como suas reflexões mais recentes sobre o desenvolvimento e o potencial do ateliê, por meio de suas entrevistas a Lella Gandini e seus próprios textos. O livro apresenta um diálogo entre culturas, ideias e teorias e práticas em constante aprofundamento.

ORGANIZANDO IDEIAS E PERGUNTAS

Em vários capítulos, refletiremos sobre as práticas alimentadas e desenvolvidas em um ateliê, as quais nascem de posturas e disposições possíveis em uma escola com ou sem um espaço físico chamado de ateliê. Refletindo sobre a maneira como trabalhamos com as crianças e entre nós mesmos, passamos a adotar aquelas práticas que se encaixam como um quebra-cabeça ou prisma. Acreditamos, reconhecemos e respeitamos as seguintes:

- Promover experiências ricas no mundo e com materiais, em conjunto com as crianças.
- Questionar, com as crianças, o que elas veem, pensam e sentem, e como compreendem as experiências.
- Observar, perceber e registrar.
- Levantar hipóteses e suscitar novas questões com adultos e crianças.
- Procurar e descobrir ideias subjacentes ou gerais.
- Produzir sentido, como adultos e crianças, ao conectar experiências, ideias e materiais à cultura da escola e da comunidade como um todo.

Tanto os autores italianos quanto os norte-americanos também abordarão os aspectos mais tangíveis do ateliê, incluindo histórias sobre a organização e o cuidado com o ambiente e os materiais, pequenos e grandes projetos explorados em muitos espaços dentro de uma escola e os sistemas do ateliê (como modo de trabalhar e como espaço físico) que promovem cooperação, raciocínio profundo e produção de sentido entre todos os membros da comunidade de aprendizagem.

Por meio do diálogo, observamos que muitas dessas práticas se integraram ao nosso estilo de ensinar e trabalhar. Essas posturas estão no coração da filosofia de Reggio, e queremos que elas definam o espírito das escolas onde trabalhamos.

Nossas próprias transformações profissionais e pessoais foram moldadas por muitas ideias e perguntas, por exemplo:

- O que promove o poder e o prazer de aprender com materiais e por meio deles?
- Como um ateliê pode inspirar e favorecer pensamento e aprendizagem inovadores na comunidade escolar?
- Que tipo de organização e interconexões entre materiais, espaços, pessoas e ideias precisamos inventar em nosso contexto norte-americano para que as linguagens expressivas e poéticas floresçam e tornem a experiência de ensino e de aprendizagem rica e integral?

Essas e outras perguntas criam o contexto deste livro e serão examinadas e entretecidas em suas páginas.

VISÃO GERAL DOS CAPÍTULOS

Nestas páginas, queremos mostrar a beleza e a complexidade de trabalhar de um modo que leve em conta o respeito pelos interesses das crianças, o ambiente escolar, a perspectiva dos adultos e as qualidades e características dos materiais. Por isso, incluímos um glossário de palavras que podem demandar explicação no contexto do livro. Essas palavras especiais estarão ressaltadas em **negrito** na primeira vez em que forem mencionadas no texto.

Resumindo, queremos retratar a alegria e a aprendizagem decorrentes do compromisso com o trabalho a partir dos valores encontrados nas escolas de Reggio Emilia, enquanto continuamos respeitando a cultura e a identificação de nossos próprios contextos. Tornamo-nos um grupo cooperativo por meio dos processos de escrever e organizar, e estruturamos este livro de maneiras que reflitam essa cooperação. Cada autor contribuiu generosamente para o conhecimento e a compreensão de todos que se interessam por aprender mais sobre o tema do ateliê. Esperamos que nosso modo de trabalhar juntos seja inspirador e proveitoso para outros professores e crianças. Assim, neste espírito de cooperação, compartilhamos nossas histórias.

No Capítulo 2, Lella Gandini apresenta o contexto inicial, o histórico e a evolução do ateliê na cidade de Reggio Emilia. Seu capítulo inclui as perspectivas do protagonista mais destacado: Loris Malaguzzi, fundador pedagógico e filosófico do projeto educacional. Ela também aborda a estrutura e a organização das escolas e dos primeiros ateliês, bem como o desenvolvimento de uma exposição internacional.

No Capítulo 3, temos o prazer de incluir trechos selecionados de um ensaio escrito por Vea Vecchi, intitulado *Poetics of learning*, que consta no livro *One city, many children: Reggio Emilia, a history of the presente* (BALDINI; CAVALLINI; VECCHI, 2012).

No Capítulo 4, Lella Gandini narra o desenvolvimento de um projeto em Reggio Emilia que ocorreu na La Villetta School, em 1992: *O parque de diversões para pássaros*. A história desse projeto foi produzida pela primeira vez como um DVD de George Forman e Lella (1995), em colaboração com os educadores de Reggio Emilia.

No Capítulo 5, Carla Rinaldi, presidente da Reggio Children e da Loris Malaguzzi Foundation, reflete sobre a natureza da criatividade e o trabalho de escuta e observação, bem como o processo de compreensão incorporado no trabalho de pesquisa e documentação.

No Capítulo 6, Charles Schwall escreve sobre o conceito e a prática de visualizar materiais como linguagens, com seus alfabetos e gramáticas, que se desenvolveram em Reggio Emilia. Compreendemos por que essas linguagens são fundamentais para nós, como seres humanos que desejam entender o mundo de forma completa e integral, bem como vislumbrar e contribuir para uma vida dotada de sentido.

No Capítulo 7, Charles Schwall ressalta a experiência de superar barreiras para chegar a uma organização intencional do espaço, a disponibilidade, a qualidade e a variedade de materiais dentro do espaço e o uso produtivo do ateliê pré-escolar na St. Michael School of Clayton, em St. Louis, por crianças e professores.

No Capítulo 8, Barbara Burrington conta a história de 10 professores que decidiram transformar a sala de sua equipe em um espaço de ateliê para as crianças na creche do *campus* da University of Vermont.

No Capítulo 9, Lynn Hill narra a história de uma escola-laboratório na Virginia Tech, onde os educadores escolheram visualizar e reinventar um ateliê de uma forma que estivesse em sintonia com o contexto singular do trabalho deles.

No Capítulo 10, Louise Cadwell, Lori Geismar Ryan e Charles Schwall, lideranças do St. Louis Reggio Collaborative durante 15 anos, tratam dos processos e dos sistemas que sustentam a forma de pensar e trabalhar que se desenvolve com o ateliê.

Nos Capítulos 11 e 12, ouvimos as vozes de dois pioneiros que trabalharam nos Estados Unidos para criar suas próprias escolas inspiradas em Reggio, ao longo de várias décadas. No Capítulo 11, Pauline Baker escreve sobre sua visão sobre as muitas maneiras de dar vida ao trabalho do ateliê em seu contexto na Ochoa School, no Arizona. No Capítulo 12, Susan Harris MacKay escreve sobre a criatividade como centro da aprendizagem, e como isso é interpretado e praticado na Opal School, em Portland, Oregon.

No Capítulo 13, apresentamos um pouco do nosso trabalho atual e de como o espírito do ateliê vive de muitas formas diferentes, em diferentes lugares e configurações. Por fim, no Epílogo, retomamos as reflexões de Loris Malaguzzi sobre a gênese e o significado da criatividade.

Para concluir, acreditamos, como escreve Carla Rinaldi, que *a escola como um todo pode se tornar um ateliê*. Suas palavras, que repercutem as de Malaguzzi citadas no início deste capítulo, revelam a crença dos educadores de Reggio Emilia no trabalho de professores e crianças, suas pesquisas compartilhadas e o grande potencial – além do direito humano – que as crianças têm de aprender de maneiras diversificadas, ricas e profundamente significativas, usando muitas linguagens. Esperamos que este livro dê vida a essas qualidades para os leitores e lhes inspire, como inspirou a nós, a pensar profundamente sobre o poder das linguagens expressivas quando situadas no centro do ensino e da aprendizagem.

REFERÊNCIAS

AN AMUSEMENT PARK FOR BIRDS. Produced by George Forman and Lella Gandini. Amherst: Performanetics, 1995. 1 videocassette.

BALDINI, R.; CAVALLINI, I.; VECCHI, V. (Eds.). *One city, many children: Reggio Emilia, a history of the present*. Reggio Emilia: Reggio Children, 2012.

GANDINI, L. History, ideas, and basic philosophy: an interview with Loris Malaguzzi. In: EDWARDS, C.; GANDINI, L.; FORMAN, G. (Ed.). *The hundred languages of children: the Reggio Emilia experience in transformation*. 3 ed. Santa Barbara: Praeger, 2012. p. 49-97.

2

Do início do ateliê aos materiais como cem linguagens:

pensamentos e estratégias de Loris Malaguzzi

Lella Gandini

As primeiras pré-escolas municipais de Reggio Emilia começaram em 1963, com a Robinson School. Elas se inspiravam diretamente na mesma missão de criar melhores oportunidades para todas as crianças, a qual havia guiado as escolas pequenas e espontâneas construídas e administradas pelos pais em 1945, no final da Segunda Guerra Mundial. No entanto, a intenção de Loris Malaguzzi, que orientou sua evolução, era dirigida especificamente à inovação. Essa intenção se baseava em sua convicção de que

> [...] as crianças nascem com muitos recursos e potenciais extraordinários, que nunca deixam de nos impressionar. Elas têm capacidades autônomas para construir seus próprios pensamentos, perguntas e tentativas de respostas. Portanto, as escolas têm uma nova tarefa: em vez de "cuidar de crianças", elas têm de se abrir à observação, à pesquisa e à experimentação por parte de professores que, juntamente com as próprias crianças, participam da construção de uma nova cultura de educação. (Comunicação pessoal).*

* Comunicação pessoal de Loris Malaguzzi com Lella Gandini, em 1993.

ESCOLHAS EDUCACIONAIS E POLÍTICAS

A construção dessa nova cultura em pré-escolas foi realizada por Malaguzzi de várias maneiras. A primeira foi por meio de pesquisa, lendo e discutindo com professores obras de John Dewey, Lev S. Vygotsky, Erik Erikson e outros estudiosos da educação, cujas obras haviam sido traduzidas para o italiano pouco tempo antes. Uma segunda maneira foi visitar outras pré-escolas que governos municipais progressistas estavam abrindo na Itália e se informar sobre experiências educacionais que aconteciam em outros países. Na França, por exemplo, havia escolas usando as técnicas de Celestin Freinet, e, na Suíça, a Geneva School era conduzida por colaboradores de Jean Piaget. Por fim, uma terceira forma essencial foi apoiar a cultura educativa que evoluía a partir de seminários para professores e pais, capitaneados por líderes pedagógicos progressistas, como Bruno Ciari, um conhecido coordenador de pré-escolas em Bolonha, e Gianni Rodari, autor e ativista da educação (FILIPPINI; VECCHI, 1987).

Em 1965, quando foram inauguradas duas novas pré-escolas municipais, Malaguzzi teve a ideia de empregar professores com formação em artes visuais na função de assistentes, uma vez que a verba disponível para as escolas não era suficiente para contratá-los como professores. Foi assim que ele encontrou o primeiro atelierista, já que esses eram professores cuja formação os orientara à valorização das linguagens de expressão das crianças. Em vez de chamar o espaço dedicado à investigação criativa com crianças de "sala de artes", Malaguzzi escolheu o termo francês ***atelier***, que evocava a ideia de um laboratório para muitos tipos de transformações, construções e expressões visuais. Assim, o professor que trabalhava com crianças em expressão visual foi chamado de **atelierista**, em vez de "professor de artes".

Outra iniciativa de Malaguzzi foi buscar apoio público para a reforma educacional. Ele precisava fazer uma declaração aos cidadãos de Reggio Emilia sobre a importância das pré-escolas e apresentar comprovação de suas opiniões. Era o ano de 1966, e ele optou por fazer isso dando a maior visibilidade possível à expressão criativa das crianças pequenas e seu desejo autônomo de se envolver, descobrir e aprender. Um atelierista da Anna Frank School escreveu que, com Malaguzzi, os professores levavam papel e material de pintura para o centro da cidade e os colocavam sob a colunata do teatro. As crianças se punham a pintar em público, à vista de todos, e as pessoas se aglomeravam, expressavam sua surpresa e faziam muitas perguntas (ver Figura 2.1). Tudo isso foi feito em conjunto com uma exposição de desenhos infantis de pré-escolas de toda a província (MANICARDI, apud BALDINI; CAVALLINI; VECCHI, 2012. p. 93).

REGULAMENTOS MUNICIPAIS SOBRE ESTRUTURA E ORGANIZAÇÃO DE PRÉ-ESCOLAS

No fim da década de 1960 e início da de 1970, as mulheres, principalmente as trabalhadoras, exigiam leis sociais mais igualitárias e participação nas decisões. Havia também muitos protestos de rua por parte de trabalhadores e estudantes. Entre as mudanças mais destacadas que se seguiram a essas intervenções ativas estava uma lei nacional aprovada em 1968, que estabeleceu educação gratuita para todas as crianças de 3 a 6 anos de idade. Ampliando a garantia à educação pública e gratuita dos 6 aos 18 anos. Em 1971, uma lei nacional criou creches para crianças de 3 meses a 3 anos de idade. Em 1972, outra lei nacional estabeleceu a participação de um conselho de pais e estudantes eleitos na gestão de escolas públicas em toda a Itália.

Naquele mesmo ano, após longas deliberações, a prefeitura de Reggio Emilia criou um novo "livro de regras", com princípios e organização para a educação das crianças de 0 a 6 anos. Os principais pontos estabelecidos foram os seguintes:

- A continuidade da educação para crianças de 3 meses a 6 anos.
- Uma equipe de **pedagogistas** e psicólogos para coordenação e apoio pedagógicos.

FIGURA 2.1 "Uma vez por semana, transportávamos a escola [as crianças e nossas ferramentas] à cidade. [...] As crianças ficavam felizes. As pessoas viam, se surpreendiam e faziam perguntas." (GANDINI, 2012, p. 31.)

- Participação de pais eleitos em cada escola para formar um comitê escolar em nível municipal.
- Acesso prioritário a creches e pré-escolas para crianças com necessidades especiais.
- Um ateliê e um atelierista em cada pré-escola e creche.
- Dois professores trabalhando em conjunto em cada sala.
- Trabalho em caráter colegiado e desenvolvimento profissional permanentes em cada pré-escola ou creche para todos os professores, atelieristas, cozinheiros e pessoal auxiliar (REGGIO EMILIA, 1981, tradução nossa, p. 119).
- Reconhecimento do valor dos ambientes internos e externos como espaços de aprendizagem, incluindo cozinhas, banheiros e pátios externos (regulamento para as pré-escolas municipais).

A FILOSOFIA DE MALAGUZZI SOBRE O ATELIÊ

Começando na Robinson School, e depois em outras pré-escolas após 1963, Malaguzzi pretendia fazer deliberadamente experiências com diferentes disciplinas e materiais, em espaços apropriados (ver Figura 2.2). No entanto, o ateliê e os atelieristas só passaram a fazer parte *oficialmente* das escolas em 1972, com o novo livro de regras. Com o tempo, Malaguzzi aprofundou seus pensamentos, esperanças e observações sobre o ateliê.

Nas palavras a seguir, podemos ver diretamente como sua linguagem é rica, complexa e densa. Ela também é poética e, portanto, convida a uma reflexão cuidadosa, pois oferece muitas camadas de sentido.

O papel do ateliê, integrado e combinado no marco geral das estratégias de ensino e de aprendizagem, foi concebido como reação à função marginal geralmente atribuída à educação expressiva. Também se destinava a ser uma reação contra o conceito de educação de crianças pequenas baseado principalmente em palavras e rituais simplistas.

Antes de tudo, o ateliê tinha que ser considerado fundamental para a recuperação da imagem da criança, que, hoje, consideramos mais rica em recursos e interesses do que pensávamos. Essa nova criança tinha direito a uma escola que fosse mais consciente e focada, uma escola formada por professores profissionais. Desse modo, também resgatamos nossos professores, que vinham sendo humilhados pela estreiteza de suas escolas preparatórias, e trabalhamos com eles em seu desenvolvimento profissional.

Dentro do nosso arcabouço de muitas influências culturais e teóricas, tivemos de reinventar o sentido original do ateliê como se fosse o de um artesão ou de um artista. Para nós, o ateliê tinha de se tornar parte de um projeto complexo e, ao mesmo tempo, mais um espaço para procurar, ou melhor, *escavar* com as próprias mãos e a própria mente, e para refinar os próprios olhos pela prática das artes visuais. Deveria ser um lugar para sensibilizar o gosto e o senso estético, para explorar individualmente **projetos** conectados a ex-

FIGURA 2.2 O ateliê da Diana School.

periências planejadas nas diferentes salas da escola.

O ateliê tinha de ser um lugar para pesquisar as motivações e as teorias das crianças a partir de seus rabiscos, um lugar para explorar variações em instrumentos, técnicas e materiais que usamos para trabalhar. Tinha de ser um lugar que favorecesse os itinerários lógicos e criativos das crianças, um lugar para se familiarizar com semelhanças e diferenças entre linguagens verbais e não verbais.

Nossa intenção era conduzir a escola em direções mais ricas, mais complexas e rigorosas e por novos caminhos antropológicos e culturais. Como se pode ver, era um processo ambicioso e vasto. Desde o começo, concentramo-nos na observação de explorações, processos e teorias estratégicas das crianças como premissas e instrumentos para estudar, analisar e refletir sobre hipóteses e propostas para a ação de professores.

Estamos convencidos de que, no caso de crianças e adultos, era válido usar a regra enunciada por David Hawkins, que disse ser necessário primeiro se familiarizar com o uso direto do que se sabe e do que se aprendeu para depois aprender e adquirir mais conhecimento.

A invasão da escola pelo ateliê e pelo atelierista – um professor com formação em escola de arte, como organizador, intérprete, coorganizador e colaborador (um papel a ser reinventado ao longo do caminho) – gerou uma perturbação intencional no modelo datado de escola de educação infantil. Em nosso caso, a escola já tinha sido modificada pela presença de dois professores em cada sala, pelo caráter colegiado do trabalho, pela participação das famílias e pela cooperação com o conselho comunitário. Nossa escola já havia garantido a prática de trabalhar com as mesmas crianças durante três anos consecutivos e foi enriquecida com a abertura das creches.

A gênese do ateliê coincidiu com a de um novo projeto educacional geral: sistêmico, laico (não religioso) e progressista. Aos poucos, o ateliê se desenvolveria em meio a crises relacionadas a mudanças sociais e à situação histórica, que levaram a vários resultados, incluindo uma reformulação de nossas teorias e práticas. O único elemento estável era um respeito tanto pela pluralidade quanto pelas conexões dentro das linguagens expressivas das crianças.

Sempre foi necessário continuar combatendo a velha, porém sólida, cultura de antônimos, que estabelece pares de opostos, em vez de cogitar estabelecer conexões. Infelizmente, a tendência é opor comportamentos e moralidade, razão e fantasia, indivíduo e grupo, expressividade e cognição.

A tecnologia trouxe a câmera, o gravador, a filmadora, a copiadora, o computador e outras inovações do gênero para o ateliê. A escola precisa constantemente de mais ferramentas, arquiteturas adequadas e espaços mais amplos; ela não pode correr o risco de ficar para trás.

Temos de nos convencer de que as competências expressivas crescem e amadurecem suas linguagens perto e longe de casa, e que as crianças descobrem conosco a solidariedade das ações, das linguagens, dos pensamentos e dos sentidos. Temos de nos convencer de que é essencial preservar nas crianças (e em nós mesmos) o sentido de encantamento e surpresa, pois a criatividade, assim como o conhecimento, é filha da surpresa.

Temos de nos convencer de que a expressividade é uma arte, uma construção combinada (não imediata, não espontânea, não isolada, não secundária), e ela tem motivações, formas e procedimentos, tem conteúdos (formais e informais) e capacidade de comunicar o previsível e o imprevisível.

A expressividade encontra suas fontes no lúdico, assim como na prática, no estudo e na aprendizagem visual, e em interpretações subjetivas que vêm com as emoções, com a intuição, com o acaso e com a imaginação racional e as transgressões. Na verdade, o desenho, a pintura e o uso de todas as linguagens são experiências e explorações da vida, dos sentidos e dos significados. São uma expressão de urgências, desejos, reafirmações, pesquisa, hipóteses, reajustes, construções e invenções. Seguem a lógica da troca e do compartilhamento. Geram solidariedade, comunicação com nós mesmos, com as coisas e com os outros. Oferecem interpretações e informações sobre os fatos que ocorrem ao nosso redor (ver Figura 2.3).

Fórmulas? Não existem. Existem apenas estratégias possíveis. Certifique-se, acima de tudo, de que as crianças se familiarizem com imagens em suas mentes, que saibam como mantê-las vivas, que aprendam o prazer de reativá-las, regenerá-las e multiplicá-las com a quantidade máxima possível de intervenção pessoal e criativa. Um requisito essencial é que as imagens sejam boas e dotadas de sentido para crianças e adultos, pois somente assim essas imagens, combinadas e recombinadas (nem sempre de maneira linear e cumulativa) na forma de realismo, de semelhanças, de lógica, de imaginação e de simbolismo, tornam-se signos que carregam sentidos. Este é o único procedimento: difícil e incerto, mas, talvez, decisivo (CARINI, 1988, p. 8-14).

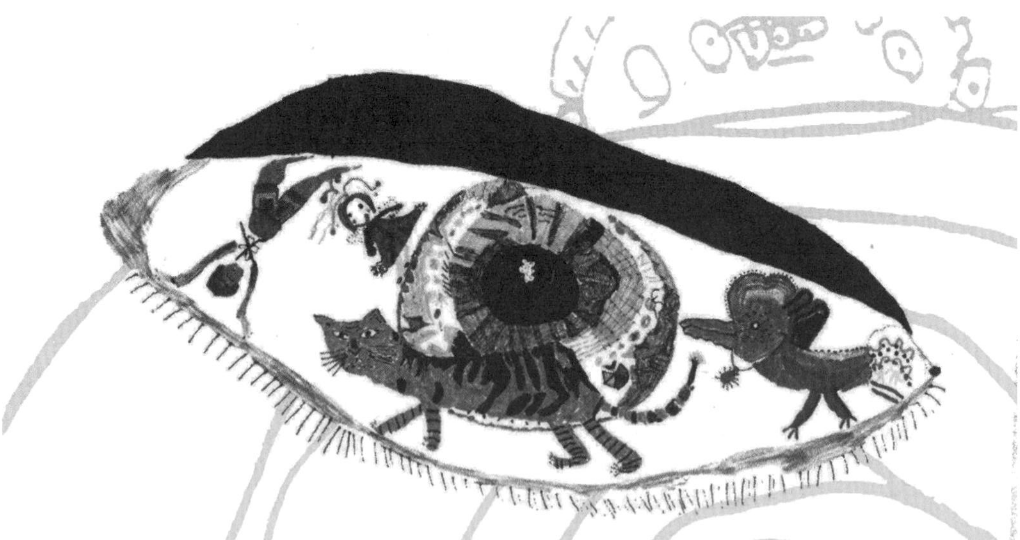

FIGURA 2.3 "O olho tem a forma de uma poça [...] Então, as coisas que você olha são refletidas nos olhos. Olhos azuis e pretos veem um pouco diferente: os azuis veem mais claro, e os negros, mais escuro. Às vezes, o olho está feliz." (BALDINI; CAVALLINI; VECCHI, 2012, p. 170.)

UM DIÁLOGO ENTRE EDUCAÇÃO E EXPRESSÃO VISUAL

Malaguzzi escreveu comentários para os catálogos de uma série de exposições de trabalhos infantis: *When the eye jumps over the wall* (Quando o olho salta o muro, 1980) e *The hundred languages of children* (As cem linguagens das crianças, 1987). Ele estava ciente do poder da documentação produzida pelo trabalho educativo e criativo de professores e atelieristas, com apoio dos coordenadores pedagógicos. Essa documentação serviu não apenas como informação e comunicação aos pais ou como defesa do desenvolvimento ou, ainda, da abertura de novas escolas para crianças pequenas pela administração municipal, mas também como forma de gerar grande interesse entre educadores de outras cidades italianas e outros países europeus. De forma rápida e inevitável, esse interesse foi se espalhando para educadores em escolas e universidades nos Estados Unidos e, aos poucos, a outros países em todo o mundo.

Logo após a inauguração das primeiras escolas municipais, em 1963 e 1964, as exposições mostrando o trabalho das crianças haviam começado em Reggio Emilia. Nos anos seguintes, que foram de rápida transformação social, a presença do ateliê e dos atelieristas, bem como de uma reflexão e um repensar permanentes por meio de intercâmbios e pesquisas interdisciplinares, combinaram-se para provocar uma transformação gradual, porém profunda. O pensamento filosófico e pedagógico inovador que Malaguzzi e seus diversos colaboradores construíram transformou-se em um projeto cultural que tinha de se tornar visível. O principal objetivo – e desafio – era tornar visíveis e facilmente compreensíveis suas pesquisas e sua documentação sobre o papel ativo das crianças, as quais estavam envolvidas em suas experiências de aprendizagem, mostrando suas competências em diferentes linguagens expressivas (ver Figura 2.4). Assim, em 1980, eles haviam construído e lançado uma maneira de comunicar esse processo educativo por meio de uma exposição, à qual chamaram de *When the eye jumps over the wall*. Com esse título, sugeriam que o potencial das crianças e da aprendizagem só poderia ser visto superando-se os muros dos locais e as concepções tradicionais de educação. A exposição se baseava intelectualmente, em grande parte, nas lições datadas, mas ainda valiosas, de Froebel, Agazzi e Montessori, e, mais ainda, nas vitais reflexões pedagógicas de Dewey, Vygotsky, Erikson, Piaget, Schaffer, Hawkins e outros pensadores contemporâneos. A exposição viajou para muitos países em versões cada vez mais complexas, até que, finalmente, em 1987, chegou pela primeira vez aos Estados Unidos, em São Francisco, acompanhada por um novo catálogo, belamente ilustrado e traduzido para o inglês; essa nova versão tinha o nome de *The hundred languages of children* (FILIPPINI; VECCHI, 1987).

"O prazer de entender"

Entre os comentários de Malaguzzi no catálogo da exposição *The hundred languages* estão várias reflexões sucintas que transmitem sua visão, por exemplo:

> O prazer de aprender, conhecer e entender é um dos sentimentos mais

FIGURA 2.4 O ateliê da creche Belelli com crianças muito pequenas e a professora Lucia Colla.

importantes e básicos que cada criança espera receber da experiência que está vivenciando sozinha, com outras crianças ou com adultos. É um sentimento construtivo que deve ser reforçado para que o prazer ligado a ela dure, mesmo quando a realidade mostrar que aprender, conhecer e entender podem ser difíceis e demandar esforço. É por meio dessa capacidade de superar a dificuldade que o prazer se transforma em alegria. (FILIPPINI; VECCHI, 1987, p. 22).

Linguagens de expressão: os sete pontos

O mesmo catálogo de *The hundred languages* continha uma síntese extraordinária de grande parte do pensamento de Malaguzzi, apresentada nos sete pontos essenciais descritos a seguir:

1. Inicialmente, reconhecemos que a espécie humana tem o privilégio de se expressar por meio de uma

pluralidade de linguagens, além da falada.

2. Reconhecemos que todas as linguagens têm o direito de se realizar plenamente e, no processo, tornam-se parte de outras linguagens, que também as enriquecem.
3. Reconhecemos que todas as linguagens expressivas, cognitivas e comunicativas que se formam por reciprocidade nascem e se desenvolvem por meio da experiência.
4. Reconhecemos que uma criança é construtora e coautora dessas linguagens e participa de suas variações históricas e culturais.
5. Reconhecemos que todas as linguagens que já coexistem na mente e na atividade da criança têm a capacidade de ser generativas em relação a outras linguagens, outras ações e outros potenciais que, por sua vez, são generativos.
6. Reconhecemos que todas essas linguagens precisam ser consideradas como tendo igual dignidade e valor. Elas devem receber apoio competente adequado dos adultos e do contexto.
7. E, por fim, questionamos qual apoio e entendimento essas proposições podem receber na atual abordagem cultural e educacional em relação à aprendizagem das crianças (FILIPPINI; VECCHI, 1987, p. 22-23).

REFERÊNCIAS

BALDINI, R.; CAVALLINI, I.; VECCHI, V. (Eds.). *One city, many children: Reggio Emilia, a history of the present*. Reggio Emilia: Reggio Children, 2012.

CARINI, E. Se l'ateliê è dentro una lunga storia e ad un progetto educativo: intervista a Loris Malaguzzi. *Bambini*, v. 4, p. 8-14, 1988.

FILIPPINI, T.; VECCHI, V. (Eds.). *The hundred languages of children*. Reggio Emilia, Italy: Reggio Children, 1987. (Um catálogo que acompanha a exibição de mesmo nome.)

GANDINI, L. History, ideas, and basic philosophy: an interview with Loris Malaguzzi. In: EDWARDS, C.; GANDINI, L.; FORMAN, G. (Eds.). *The hundred languages of children: the Reggio Emilia experience in transformation*. 3rd ed. Santa Barbara: Praeger, 2012. p. 27-72.

REGGIO EMILIA. Assessorato Scuole e Servizi Sociali. *Regolamento delle scuole comunali dell'infanzia:* deliberato dal consiglio comunale il 30 maggio 1972 all'unanimità: esecutivo a norma di legge. Reggio Emila: Office of Schools and Social Services, 1981.

WHEN THE EYE JUMPS OVER THE WALL. Reggio Emilia: Reggio Children, 1980. (Um catálogo que acompanha a exibição de mesmo nome.)

3

Poéticas da aprendizagem

Vea Vecchi

Para entender a experiência e a história de Reggio Emilia, acredito que é importante refletir sobre o sentido e o papel do ateliê, sobre a importância e a natureza da abertura à **dimensão estética** (ou **poética**, como Jerome Bruner gosta de defini-la) em processos de aprendizagem e construção de conhecimento em nossas creches e pré-escolas para crianças de 3 a 6 anos de idade.

Um possível ponto de partida é o valor atribuído à documentação pedagógica. Não resta dúvida: a presença do ateliê foi fundamental para sua evolução, como consequência natural da cultura visual específica que o ateliê tende a gerar. A difusão da documentação pedagógica, como base para o trabalho, desenvolveu-se aos poucos em creches e pré-escolas e, então, evoluiu gradualmente para livros, exposições e publicações, inicialmente para uso em escolas e, mais tarde, para o mundo exterior.

Para todas as escolas, as exposições sempre constituíram uma exploração mais profunda do sentido em nosso trabalho com crianças. Elas têm sido uma forma democrática de compartilhar o que ocorre nas escolas, um testemunho gratificante do trabalho de adultos e crianças e um lembrete do valor e da importância da educação nas primeiras exposições que ocorreram na cidade, da década de 1960, mas são também uma conexão com as exposições oficiais que começaram nos anos 80 com *When the eye jumps over the wall*, que assumiu o novo nome *The hundred languages of children* depois de 1987, bem como várias outras. Inicialmente, eram exposições para a cidade de Reggio Emilia, mas depois foram propostas em nível nacional e internacional. Estamos convencidos de que o crescimento e a evolução só são possíveis por meio do intercâmbio de pontos de vista e do debate, e as exposições têm sido um terreno privilegiado para esse intercâmbio.

A primeira exposição organizada na Diana Preschool, onde eu lecionava, aconteceu em 1972. Eu me lembro de trabalhar até tarde da noite com alguns professores: a exposição tinha ficado tão grande que o corredor central da escola dificilmente poderia dar conta dela. Era aberta ao público da cidade e teve um grande impacto, pois apresentava uma imagem da criança, da escola e dos professores muito diferente da habitual, certamente uma imagem mais complexa, que indicava a necessidade de mais comprometimento, e a necessidade de se repensar a educação dos primeiros anos desde suas raízes. Desde então, o final do ano letivo tem sido uma época para a apresentação de exposições de várias dimensões em todas as nossas escolas, sempre abertas ao bairro e à cidade.

Uma das características mais originais da pedagogia de Reggio Emilia tem sido sua receptividade às linguagens poéticas (visuais, musicais, poéticas, arquitetônicas, de dança, de *design*) e à dimensão estética como elemento importante na vida nas escolas e nos processos de aprendizagem. É impossível ter uma boa compreensão da pedagogia de Reggio Emilia ou do papel cumprido pelo ateliê sem fazer reflexões adequadas sobre esse aspecto.

É necessário entender como a percepção sensorial, o prazer e a sedução – o que Malaguzzi chamou de "vibração estética" (MALAGUZZI, comunicação pessoal) – podem se tornar catalisadores da aprendizagem e como podem apoiar e nutrir muitos tipos de conhecimento que não se alimentam apenas de informação. É o conhecimento que, ao evitar categorias fáceis, pode levar a relações empáticas e sensíveis com as coisas, provocando a construção de conexões.

Em minha opinião, o aspecto mais importante a se avaliar diz respeito a como e até onde a importância atribuída à estética pode não só afetar os produtos finais, mas também intervir nos procedimentos e nas formas de fazer a escola e, portanto, afetar a aprendizagem das crianças, o crescimento dos professores e o desenvolvimento da filosofia pedagógica.

Cada disciplina é composta de racionalidade, imaginação, emoção e estética. Uma cultura que separe esses aspectos e os processos de pensamento relacionados a eles de formas mais ou menos rígidas subtrai inevitavelmente uma parte essencial de cada disciplina (ou linguagem), dando aos engenheiros a parte racional; aos arquitetos, a parte imaginária; aos matemáticos, a cognitiva; aos artistas, a expressiva, e assim por diante. Nessa ação de reduzir, dividir e hierarquizar os processos de pensamento que fazem parte de nossa espécie e nossa constituição biológica na sua totalidade, os recursos culturais são efetivamente removidos, com o consequente empobrecimento do próprio pensamento. Racionalidade sem emoção e empatia e imaginação sem o cognitivo e o racional construirão um conhecimento mais limitado, menos completo. Às suas diferentes maneiras, vários autores contemporâneos consideram a estética como um processo de conexão: nas palavras de Gregory Bateson, a estética é uma sensibilidade aos "padrões que conectam" (1979, p. 8).

Também é preciso dizer que seria ingênuo pensar que a presença de um ateliê em uma escola e um professor – o chamado atelierista – dedicado a ele são suficientes para garantir a presença da dimensão estética como ativadora de qualidade na aprendizagem. É necessária uma pedagogia sensível às linguagens poéticas, com a consciência de que essas linguagens possuem uma maneira diferente de ver, mais profunda e muitas vezes à frente do nosso tempo, e de que farão parte de um ateliê que não trai essa filosofia na prática cotidiana.

A forma específica de observação e documentação educacional de processos desenvolvidos ao longo do tempo e usados nas creches e pré-escolas de Reggio Emilia é um testemunho dessa relação cuidadosa. A dimensão estética expressa sua força e capacidade de ligação e conexão de forma mais completa no processo de avaliação.

Outro aspecto que promoveu e apoiou a abordagem pedagógica de Reggio Emilia é a atenção ao ambiente e aos espaços. Existe uma estreita conexão entre os espaços escolares e o processo de educação (Loris Malaguzzi definiu os ambientes e os espaços como o terceiro educador – considerando-se que há dois professores por sala). O cuidado e a atenção estética são elementos extremamente importantes em espaços e ambientes, pois trazem atitudes culturais e éticas que afetam a construção da identidade individual e social.

Em geral, acredito que as escolas não atribuem importância à dimensão estética na aprendizagem por considerá-la um aspecto prazeroso, mas fundamentalmente supérfluo e não estritamente necessário. Portanto, um aspecto importante que talvez exija avaliação compartilhada é a ideia de que a busca por beleza e encanto faz parte da nossa espécie de forma natural e profunda, constituindo um componente de vital importância, uma necessidade básica. Essa aspiração à beleza é encontrada em todos os povos e em todas as culturas contemporâneas, passadas e muito antigas. É uma atenção estética compreendida e vivenciada como filtro para interpretar o mundo, uma atitude ética, uma forma de pensar que exige cuidados, graça e sagacidade, uma abordagem mental que vai além da simples aparência das coisas e destaca suas qualidades e aspectos profundos e inesperados.

Como muitas outras pessoas, continuo acreditando que a beleza e a estética são elementos ativos, capazes de atuar positivamente sobre aspectos importantes da vida de mulheres e homens e salvá-los da conformidade e da superficialidade, e que adotá-los como um direito fundamental e inalienável faria muito bem à humanidade. Não devemos nos esquecer de que o sentimento estético, exatamente por ser profundo e inato à nossa espécie, manifesta-se facilmente em vários campos; ele perpassa todas as disciplinas. Não está apenas ligado à arte, mas se torna uma forma de pesquisar, uma chave para a interpretação, um lugar de experiência. Há muitos exemplos relacionados às atividades humanas, mas devemos nos lembrar de que, como em todas as outras atividades culturais, a sensibilidade estética deve ser sustentada e defendida de forma consciente e constante ao longo do tempo.

A opção de Loris Malaguzzi, no final da década de 1960, por introduzir um ateliê em cada pré-escola e, posteriormente, em todas as creches, coordenado por uma pessoa com formação em artes, foi e continua a ser mais revolucionária do que parece, visto que trouxe uma nova maneira de enxergar escolas e processos de aprendizagem, em comparação com os hábitos da tradição pedagógica exigidos das escolas e da própria pedagogia.

É necessário ir além daquilo que os ateliês têm introduzido gradualmente nas escolas, como a escolha de materiais e o uso de certas técnicas. Sem diminuir o valor do trabalho que foi feito, devemos nos conscientizar da importância das competências necessárias e da qualidade dos processos que decorrem do trabalho realizado. Portanto, devemos ir além dos materiais e das técnicas e trabalhar o processo de empatia e a intensa relação com as coisas que o ateliê promove. É necessário pensar nos atelieristas como garantidores da presença tanto da parte expressiva e emocional quanto da parte racional e cognitiva em todas as disciplinas ou linguagens. Na experiência de Reggio Emilia com o ateliê, em seu trabalho sobre as linguagens visuais, que, por natureza, são sensíveis e próximas a todas as outras linguagens poéticas, a dimensão estética foi expressa de formas importantes e tangíveis por meio de mãos que sabem como construir e sentir emoção ao mesmo tempo. Nesse processo de troca, proximidade e parentesco com o mundo da arte, surgiram formas de organização do trabalho e de contextos educacionais, as quais foram capazes de gerar um processo transversal, que, em pouco tempo, espalhou-se visivelmente para dentro de ambientes e processos, chegando aos produtos finais.

Em um projeto educacional, a escuta é uma prática difícil, mas indispensável, e é necessário aprendê-la. Escutar pressupõe uma ideia de ensinar não como uma transmissão de conhecimentos e esquemas culturais predeterminados, mas como uma estrutura evolutiva que pode ser interpretada em relação a uma realidade e a uma cultura que se transformam.

A tensão estética, com suas qualidades particulares de empatia, de buscar relações entre "padrões que se conectam", com seu dom de beleza, ironia, provocação e indeterminação, dá apoio ao processo de escuta. Na estética como a entendemos, ou seja, promotora de relações, conexões, sensibilidade, liberdade e expressão, parece natural entender sua proximidade com a ética, e, no que diz respeito à educação, eu definiria essa aliança como inseparável.

Considero a estética e a ética como a aliança mais forte para distanciar formas de violência e dominação, por tornar a sensibilidade estética uma das barreiras mais efetivas à violência física e cultural. Isso ocorre porque a experiência estética é principalmente uma experiência de liberdade.

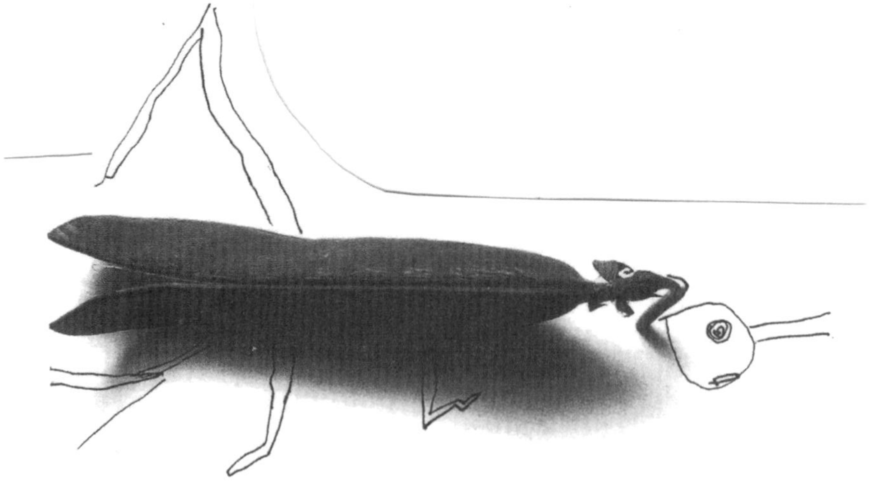

FIGURA 3.1 Metáfora com vagens, Alice, 5 anos e 10 meses.

FIGURA 3.2 Garças, Marco, 5 anos e 8 meses.

REFERÊNCIAS

BATESON, G. *Mind and nature: a necessary unity*. New York: Dutton, 1979.

CRÉDITOS: este capítulo inclui trechos de VECCHI, V. Poetics of learning. In: BALDINI, R. CAVALLINI, I.; VECCHI, V. (Eds.). *One city, many children: Reggio Emilia, a history of the present*. Reggio Emilia: Reggio Children, 2012. p. 150-155. **Figuras 3.1 e 3.2:** *One city, many children* (2012). Todos os direitos reservados © Creches e Pré-escolas da Prefeitura de Reggio Emilia, publicado por Reggio Children, s.r.l., Via Bligny 1/A, 42124 Reggio Emilia, Itália. Disponível em: <www.reggiochildren.it>.

4

O parque de diversões para pássaros:

emergência e processo de um projeto

Lella Gandini

No início, os ateliês em Reggio Emilia foram configurados como espaços centralizados aos quais as crianças iam em grupos para trabalhar com materiais como tinta e argila com os atelieristas. Com a necessidade de ter mais espaço para trabalhar com uma variedade de materiais, um **miniateliê** foi montado dentro ou próximo a cada sala de atividades, e os trabalhos de professores e atelieristas se mesclavam em aprendizagem recíproca. Esse fato se tornou parte de um projeto educacional que incentivava e apoiava conexões entre diferentes papéis em pré-escolas e creches. Como atelierista, Vea Vecchi descreveu essa experiência da seguinte forma:

> Trabalhando juntos, orientando as crianças em seus projetos, os professores e eu nos encontramos cara a cara muitas vezes – como se estivéssemos olhando em um espelho –, aprendendo uns com os outros e, juntos, aprendendo com as crianças. Assim, estávamos tentando criar caminhos rumo a uma nova abordagem educativa, uma que certamente não tivesse sido experimentada antes, na qual a linguagem visual fosse interpretada e conectada a outras linguagens, tudo isso ganhando em termos de sentido. (VECCHI apud GANDINI, 2012, p. 309).

Para mim, visitar e passar o tempo em várias pré-escolas e creches de Reggio Emilia, a partir de 1976, foi uma experiência de aprendizagem fundamental. Uma das características que se destacaram foi a forma como a estrutura física de cada prédio e o sistema organizativo de cada centro educacional determinava o espaço e o funcionamento do ateliê.

Os novos prédios para crianças pequenas em Reggio Emilia agora incluem um espaço projetado especificamente para o ateliê. Em alguns casos, os projetos permitem o acesso direto à área externa e, com isso, a materiais naturais. No entanto, quando se estabelece uma pré-escola em um prédio já existente, alguns dos espaços do ateliê revelam características que são fontes interessantes de inspiração para as explorações de crianças e professores.

É o caso do ateliê da La Villetta School, que foi organizado no último andar do antigo prédio. Ele tinha sido uma casa particular de boas dimensões e com um bom espaço verde ao redor.

A sala referência e o miniateliê das crianças menores estão localizados no térreo, junto ao grande espaço aberto da pré-escola, a *piazza*. As crianças de 4 anos ficam no segundo andar, e as de 5, no terceiro; o quarto andar é cedido ao ateliê, que ocupa dois espaços grandes.

A própria escadaria que liga as salas ao ateliê tornou-se protagonista da atividade exploratória. Os degraus convidavam à contagem e até à escrita de números. As crianças atribuíram um número a cada degrau, de baixo para cima, e, depois, outro número de cima para baixo. Além disso, as pequenas janelas da escadaria, com suas barras de ferro forjado do lado de fora, ofereciam um desenho de luz e sombra que mudava o tempo todo, sempre uma fonte de surpresa, o que levou a muitas versões de representação.

Na La Villetta, tive muitas oportunidades de observar o atelierista, os professores e as crianças envolvidas em vários projetos e transformações de materiais. Especificamente, com George Forman, participei da ampla documentação de um projeto de longo prazo, chamado de *O parque de diversões para pássaros*, que descreverei neste capítulo. No final do capítulo, George faz alguns comentários finais sobre a nossa experiência.

APRESENTANDO O PROJETO E OS PROTAGONISTAS

A ideia de observar e documentar diretamente um projeto que ocorre em Reggio Emilia ocorreu quando Loris Malaguzzi visitava a University of Massachusetts, em 1988. Ele havia sido convidado por Carolyn Edwards, por ocasião da abertura da exposição *The hundred languages of children*, quando ela aconteceu na galeria de arte da universidade. Um dos vários encontros extremamente relevantes daqueles dias ocorreu no gabinete de George Forman. Lá, tivemos o privilégio de ouvir Malaguzzi apresentando, apenas para nós, um dos projetos da exposição *The city and the rain* (A cidade e a chuva). Esse projeto mostrou muitas interpretações das crianças com relação a clima, água e várias transformações físicas descritas em palavras e desenhos.

Não é necessário dizer que a experiência gerou muitas perguntas. Posteriormente, George Forman, então professor de educação na University of Massachusetts, e eu pedimos para observar e documentar a relação e a aprendizagem construídas entre crianças professores e atelieristas durante a emergência e o desenvolvimento de um projeto desde o seu começo. Malaguzzi aceitou nosso pedido, e, no início de 1992, pudemos observar o desenvolvimento do seguinte novo projeto em Reggio Emilia: *O parque de diversões para pássaros*.

Havia três protagonistas principais envolvidos naquele projeto, todos colaboradores experientes de Malaguzzi (ver Figura 4.1). Giovanni Piazza, atelierista na La Villetta durante muitos anos, havia participado de diversos projetos importantes que foram bem documentados em livros e vídeos, como, por exemplo, o vídeo *Make a portrait of a lion* (Para fazer um retrato de um leão, 1987), o livro *Reggio Tutta: a guide to the city by the children* (FERRI; DAVOLI, 2011) e as conhecidas exposições de grande porte. Suas reflexões seminais sobre o relacionamento das crianças com os materiais serão examinadas no Capítulo 6. Aqui, é importante ressaltar qual seria o papel dele no pro-

FIGURA 4.1 A maioria do grupo de trabalho da La Villetta: Loris Malaguzzi, Carla Rinaldi, George Forman, Giovanni Piazza, Amelia Gambetti, com Lella Gandini também presente.

jeto que observamos, principalmente sua maneira de conectar os pensamentos das crianças, suas hipóteses e suas relações com os materiais que elas transformaram com suas ideias e mãos.

Em seguida, Amelia Gambetti foi professora da La Villetta, a qual tinha muita experiência trabalhando com crianças e fazendo documentação. Ela também foi protagonista no vídeo *Portrait of a lion*. Em várias ocasiões diferentes, tive a oportunidade de observar Amelia no trabalho com crianças ou com outros professores no contexto de uma escola. Sempre fiquei impressionada com o seu jeito de "estar lá" quando se precisa dela, estabelecendo uma participação e um compromisso sérios. É uma forma de gerar confiança recíproca com crianças e outros professores. Amelia pode estar completamente presente, observando e ouvindo e, na maior parte do tempo, silenciosa e alerta; ela se torna ciente do que está em volta e do que está faltando, procurando fornecer ou sugerir o que é necessário. Seu objetivo é construir uma cultura de aprendizagem e colaboração que inclua a abertura a ouvir críticas construtivas e a fazê-las e ajudar uns aos outros a lidar com dificuldades e oportunidades.

Uma terceira e essencial presença foi a de Carla Rinaldi, que, como pedagogista (coordenadora pedagógica) de La Villetta e outras escolas, foi um espelho para reflexões e orientação. O tempo todo, com graça e inteligência, ela consegue conectar o que está acontecendo com as crianças à filosofia compartilhada da abordagem educacional de Reggio Emilia e fazer pesquisa a partir de uma perspectiva psicológica, bem como da perspectiva das famílias e da cidade.

É preciso, claro, ter em vista que, além desses três, o próprio Malaguzzi estava sempre presente, vigilante e solidário, e sempre pronto a contribuir com perguntas precisas e sugestões provocativas. De certa forma, as instalações de La Villetta também foram um dos protagonistas da história, uma vez que proporcionaram o cenário.

George Forman e eu, como codocumentadores, tínhamos a intenção de observar e, às vezes, discutir com os educadores de Reggio Emilia suas interpretações sobre o que estava acontecendo – não, é claro, como orientadores, mas sim como observadores participantes interessados. Nossa intenção era construir e produzir documentação visual, um vídeo (AN AMUSEMENT..., 1995) e, talvez, um livro. George e eu, com Amelia Gambetti, que viera ao Laboratory Preschool da University of Massachusetts para ser professora, conseguimos trabalhar juntos na edição do vídeo que estava sendo preparado. Antes de sua morte, em 1994, Malaguzzi viu parte do vídeo em processo de produção, enquanto escrevia poderosos ensaios reflexivos para um livro bilíngue sobre essa experiência, intitulado *The fountains: "let's make an amusement park for the birds"* (MALAGUZZI, 1995).

O PROCESSO DO PROJETO E SUA DOCUMENTAÇÃO

No início de sua reflexão, o grupo de educadores considerou o fato de que, no ano letivo anterior, alguns pais haviam construído um laguinho dentro da área da escola. As crianças, trabalhando com eles, também haviam construído casas de passarinho. No entanto, os resultados de seus esforços estavam agora em mau estado, e os pais pareciam interessados em voltar a trabalhar no parque, a fim de restaurar alguns desses recursos. Além disso, era muito possível que as crianças gostassem de participar ou se envolver na reforma, e poderiam até trabalhar com teorias e representação sobre a água e sua transformação.

O grupo tentou prever várias possibilidades, a começar pelo laguinho do parque. Essa maneira de formular hipóteses em conjunto é considerada essencial para os professores de Reggio Emilia, sendo chamada de **reconhecimento**. As crianças podem estar interessadas em um de dois aspectos gerais: nas *fontes* ou nas *teorias* da *água* (o que nós, observadores, esperávamos). Se elas se interessassem pelas fontes, a exploração poderia acontecer na tentativa de entender como as fontes *funcionam*, que *formas* elas assumem, que *som* fazem.

Todavia, o interesse em fontes, pensava o nosso grupo de pesquisadores, também poderia direcionar o olhar das crianças a *moinhos d'água*, *quedas d´água*, *pressão*, *velocidade* e outros *mecanismos* relacionados à água. Se o interesse das crianças surgisse diretamente para as teorias das transformações sofridas pela água, as possibilidades de exploração poderiam ser direcionadas ao *aqueduto* e/ou aos *esgotos* da cidade, ou mesmo à chuva (ver Figura 4.2).

A primeira conversa com crianças sobre o projeto

Em 17 de fevereiro de 1992, ocorreu a primeira conversa com 11 crianças. Os professores haviam convidado um grupo de crianças que eram amigas. As crianças se reuniram com Amelia,

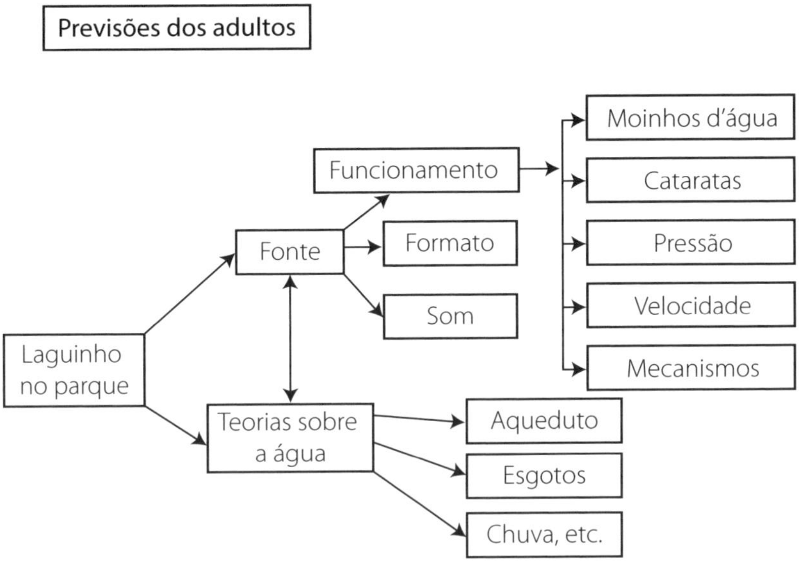

FIGURA 4.2 O gráfico de hipóteses do grupo de adultos sobre as possibilidades e as direções em que se esperava ou se considerava que o projeto evoluísse.

em uma sala próxima ao ateliê, e com outro professor que fazia anotações na condição de observador. Louise Cadwell também estava presente, já que estava em Reggio Emilia para um ano de estudos. Giovanni gravava em vídeo e tirava fotos; também foi colocado um gravador perto do centro do círculo de crianças na sala. Naquela primeira conversa, que lançou o projeto, Amelia fez perguntas diretas para que as crianças pudessem se lembrar juntas de como tinha sido sua experiência no ano anterior. Por exemplo:

- O que havia no nosso pátio no ano passado?
- Quem construiu as casas de passarinho?
- Os pássaros gostaram das casinhas?
- O que os passarinhos comeram?

Por estarem acostumadas a esse tipo de diálogo, as crianças falaram com confiança e detalhamento e com espírito de colaboração. Juntas, criaram um inventário detalhado do que haviam feito no ano anterior com a ajuda de pais e professores. Entre outras coisas, elas haviam construído um laguinho com água para banho e casas para os pássaros, além de lhes darem comida de várias maneiras.

Quando Amelia perguntou o que elas podiam fazer agora, este ano, para dar comida aos pássaros, as crianças começaram a falar sobre consertar o laguinho, incluindo a instalação de mecanismos com canos, para mantê-lo limpo. Elas também pensaram em construir uma fonte no lago e, talvez, uma roda d'água e uma escada para os pássaros. (Esse foi o início do projeto que continuou por muitas semanas. Mais tarde, elas desenvolveriam ideias sobre o que poderia se tornar um parque de diversões para os pássaros.) Aqui está um breve trecho do final daquela primeira conversa:

Andrea:* Para fazer uma escada para os pássaros, a gente pode usar uma furadeira. Um pássaro pressiona um interruptor.
Federica: O passarinho fica lá e espera, depois sobe.
Simone: Também podemos passar uma corda. Puxe a corda para cima, e o pássaro sobe. Puxe a corda para baixo, e o pássaro desce.

Loris Malaguzzi refletiu sobre as reuniões iniciais com as crianças para decidir sobre os primeiros passos do projeto:

> As crianças já têm uma experiência considerável em conversar e debater, tanto em grupos pequenos quanto em grandes. Mas essa reunião para ver "o que fazer" é esperada com bastante ansiedade. O objetivo é elas encontrarem uma ideia especial, todas juntas, à qual o trabalho será direcionado, e o projeto pode durar muito tempo, até semanas ou meses, se a ideia pegar e o trabalho tiver um bom resultado. Cada criança pode apresentar suas próprias ideias. [...] Qualquer que seja a ideia adotada, ela adota também as crianças e os professores. (MALAGUZZI, 1995, p. 10).

Nesse projeto, a ideia inicial era criar um lago para os pássaros sedentos que vivem na área da escola, pois eles também devem estar com fome e talvez estejam cansados. [...] Há sugestões de casas e ninhos, balanços para os passarinhos filhotes e elevadores para os idosos.

> A ideia de "o que fazer" começa a tomar forma durante a assembleia da turma. O que essa ideia vai se tornar, se e quando as crianças decidirem a respeito, só se saberá após uma centena de lançamentos e rebotes. Às vezes, a ideia não é satisfatória ou não obtém consenso. Mas não há razão para preocupação. [...] Tudo será adiado até a reunião de amanhã. (MALAGUZZI, 1995, p. 10).

Desenhos e mais conversas

No final da primeira conversa, as crianças foram convidadas a ir ao ateliê e desenhar o que achavam necessário no parque. Três dos primeiros desenhos são mostrados nas Figuras 4.3 a 4.5.

No dia seguinte, 18 de fevereiro, depois de se reunir e debater o interesse que surgira das crianças, o grupo de adultos decidiu explorar as ideias delas sobre as fontes e seu funcionamento. Amelia tem, então, outra conversa com o mesmo grupo de 11 crianças para revisitar as ideias delas.

No dia anterior, elas haviam falado sobre o laguinho, as casas de passarinho e algumas ideias sobre o que elas poderiam fazer além de ajudar os pássaros no parque. As crianças também descreveram algumas de suas ideias no ateliê, e Amelia pediu para olhar os desenhos com elas. Essa segunda conversa, bem como a observação dos primeiros desenhos das crianças sobre elevadores para pássaros, rodas d'água, escadas, escorregadores e fontes, levou Amelia a questionar:

Amelia: Vocês sabem o que é uma fonte?
Filippo: Tem algumas fontes onde a gente vai beber.
Andrea: Tem umas onde a gente vai se lavar.

* N. de R.T. Decidimos manter, por respeito às crianças protagonistas dos eventos, o nome como no original em italiano. Na leitura do texto pode haver algum estranhamento, pois alguns nomes masculinos são escritos como feminino na língua portuguesa.

FIGURA 4.3 Uma casa de passarinho com elevador para os pássaros mais velhos, de Andrea C.

FIGURA 4.4 Um lugar para muitos animais, uma casa de passarinho e uma fonte, de Agnese.

FIGURA 4.5 Uma calha de água descendo da montanha e um pássaro mergulhando perto da roda d'água, de Filippo.

AGNESE: Não as pessoas, e sim pássaros, cães.

AMELIA: Vocês viram fontes em algum lugar?

FILIPPO: No parque público.

ALICE: Eu vi nas montanhas; eram de gelo. Eram muito lindas, todas as coisas feitas de gelo [...] tinha coisas redondas.

Após essa conversa, quando as crianças se deslocam para o ateliê, Alice desenha sua fonte de gelo (ver Figura 4.6) e Giorgia inventa uma fonte chorosa, que ela diz que parece uma árvore de salgueiro-chorão. Isto é um pouco do que Giorgia diz ao descrever a sua fonte:

> A fonte joga água, mais ou menos como um jato. É uma fonte como um arco-íris, feita um pouco em formato de curva. Em cima, tem coraçõezinhos. Os corações são cortados com uma máquina e ficam lá no topo. A água cai do jato maior para o jato menor.

Mais tarde, Amelia relembra, com os professores do grupo de trabalho – Giovanni, Carla, George, Lella, Malaguzzi – a primeira e a segunda conversas, os primeiros desenhos de elevadores para pássaros, rodas d'água, escadas, escorregadores e fontes.

As crianças continuam tendo ideias que poderiam fazer parte de seu projeto de parque para pássaros. Ao mesmo tempo, está claro que o interesse nas fontes irá se conectar à própria cidade, pois há várias fontes em pontos do parque e da cidade como um todo, então uma visi-

FIGURA 4.6 Alice desenha a fonte.

ta é planejada e executada. As crianças também participam da documentação das fontes por meio de desenhos e fotografias.

Após a visita ao parque da cidade

As crianças visitaram as fontes no parque de Reggio Emilia, tiraram fotos e fizeram vários desenhos. Agora elas sabem que a água entra nas fontes, mas a questão é como essas fontes funcionam:

AMELIA: Como a água entra nas fontes?
ANDREA: Tem jatos.
GIORGIA: Eles saem da fonte.
FILIPPO: A pressão faz eles irem para a frente, para trás, para a esquerda e para a direita.
ANDREA: Se tem pouca água, tem muito pouco jato.
GIORGIA: Talvez tenha um motor que faz os jatos funcionarem.
ANDREA: Sim, dentro da fonte.
SIMONE: Talvez tenha um motor na fonte que sopra algum vento, e a água sai em jatos. Se alguém puxar uma alça, o motor liga, o vento continua, e a água sai em jatos.
ANDREA: Tem um motorzinho que funciona e para, funciona e para, talvez seja isso que faz o jato sair.
SIMONE: Um jato quer dizer que a água sai fazendo "psst psst".
FILIPPO: Um jato sai assim, mas não faz "psst psst"!

Estes três meninos, Andrea, Filippo e Simone, acabaram sendo os protagonistas. Às vezes, há alguma tensão entre os dois primeiros, mas sua amizade, bem como a de duas meninas, Giorgia e Alice, ajuda a criar um grupo de trabalho muito forte. Eles dão vários passos em termos de ideias e soluções para os problemas encontrados na experiência do projeto do Parque de diversões.

Ao examinar a conversa transcrita junto às ideias que as crianças haviam expressado sobre o mecanismo e o funcionamento das fontes, o grupo de observadores sugere que Amelia também poderia perguntar a algumas das crianças individualmente sobre suas hipóteses. Amelia pede a Filippo que lhe conte como vê o funcionamento de uma fonte (ver Figura 4.7). Filippo tem noções concretas e também faz um desenho para demonstrar como acha que a fonte funciona, para explicar a ela.

Amelia também pergunta a Alice como ela acha que uma fonte funciona (ver Figura 4.8). Alice diz que tem que ter uma água entrando na fonte. "Como a água entra e sai da fonte?", pergunta Amelia. "Eu não sei", responde Alice, "talvez tenha um poço com água ao lado da rua".

Amelia responde: "Você consegue pensar sobre como poderia funcionar?". Alice permanece em silêncio e parece cada vez mais preocupada. Amelia aguarda um minuto ou dois e depois diz: "Eu também sempre tenho dificuldades para entender como funcionam as coisas mecânicas [...]. Talvez amanhã de manhã cedo, antes que o Giovanni, que parece saber tudo, chegue, você e eu poderíamos pedir a Filippo e Simone para nos contarem como funciona uma fonte. Você acha que é uma boa ideia?". Alice pensa com uma expressão séria, por um minuto, sorri e diz: "Sim!".

Construindo fontes

O interesse nas fontes é estendido à construção de fontes de argila, um dos materiais que as crianças têm usado muito. Passar do desenho bidimensional para a construção tridimensional com material diversificado é uma das características da experiência das crianças nos ateliês de Reggio Emilia.

As crianças dedicaram muita atenção a essas construções, às vezes se referindo aos desenhos do que viram no parque, às vezes criando novas estruturas (ver Figuras 4.9 e 4.10). Elas trabalhavam principalmente no ateliê, com Giovanni, e haviam feito muitos desenhos sobre o sistema de funcionamento da fonte depois de observar as fontes no parque e discutir como elas funcionam.

Ainda sobre um dos desenhos de Filippo, as crianças começam a explorar o desenho e a construir rodas para moinhos d'água, inicialmente de papel e, depois, de argila.

Na construção, elas parecem ignorar a forma da pá das rodas, fazendo-as completamente planas. Amelia, com a concordância dos outros observadores da equipe, por fim pede a Andrea que lhe mostre a roda para o moinho d'água que construiu em papel (ver Figura 4.11). Ao rever seu processo, ele faz uma súbita descoberta. Uma série compacta de fotografias mostra a maneira solidária e não obstrutiva com que Amelia apoia descobertas e correções (ver Figuras 4.12 a 4.14).

1. Andrea mostra seu desenho a Amelia.
2. Andrea mostra a Amelia a construção de uma roda d'água em papel, ao lado de seu desenho.
3. Ao explicar a Amelia como a roda de papel deve se mover, Andrea percebe que sua construção estava errada.

O grupo de educadores e pesquisadores preparou o gráfico mostrado na Figura 4.15 para avaliar quais haviam sido os interesses das crianças – o que elas ex-

FIGURA 4.7 Amelia pergunta a Filippo como funcionam as fontes.

FIGURA 4.8 Amelia pergunta a Alice como funcionam as fontes.

FIGURA 4.9 As crianças constroem fontes de argila.

FIGURA 4.10 Esta foi chamada de fonte dos anjos.

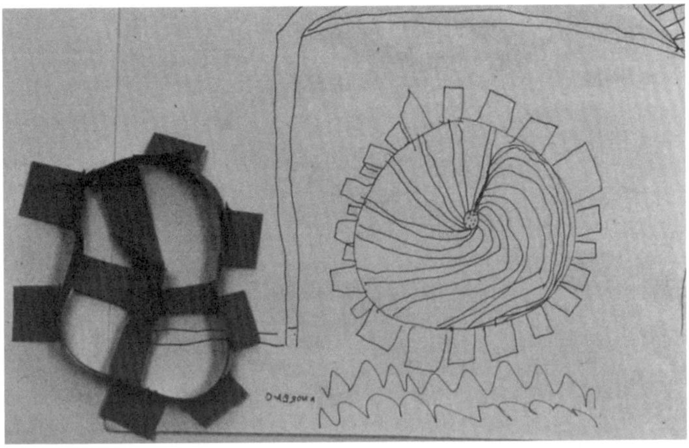

FIGURA 4.11 Desenho de Andrea e construção de uma roda d'água em papel.

1. Andrea mostra seu desenho a Amelia.

2. Andrea mostra a Amelia a construção de uma roda d'água em papel, ao lado de seu desenho.

3. Ao explicar a Amelia como a roda de papel deve se mover, Andrea percebe que sua construção estava errada.

FIGURA 4.12 Várias etapas do processo de Andrea.

FIGURA 4.13 Andrea corrige a posição da pá de papel para fazer a roda girar.

FIGURA 4.14 Imediatamente, Andrea vai ao espaço do ateliê onde seu trabalho de argila está em andamento e muda a direção de sua pá de barro.

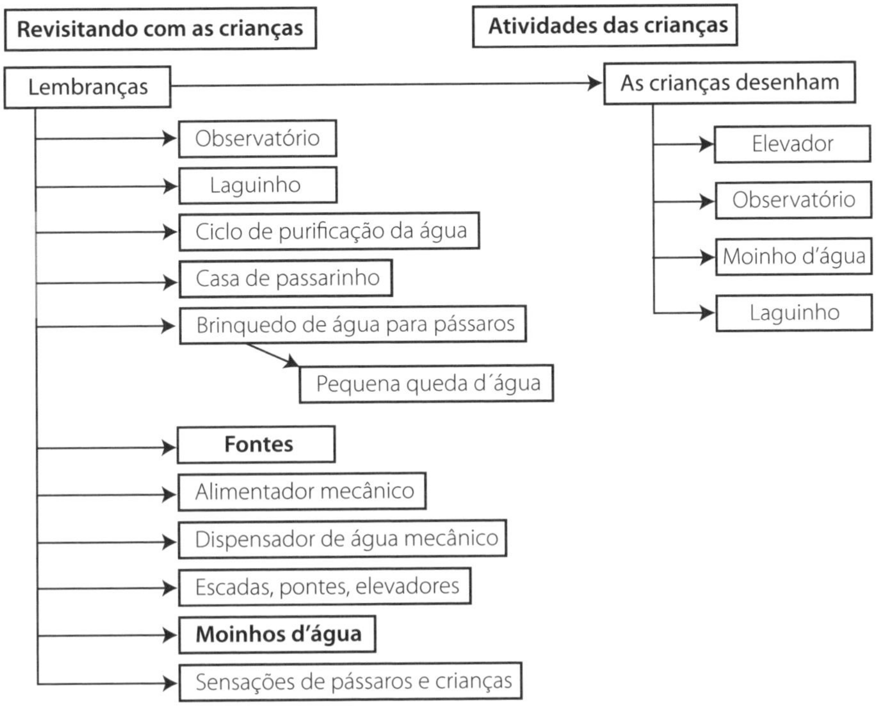

FIGURA 4.15 Resumo das ações com as crianças e suas possibilidades.

ploraram, representaram ou construíram –, para apoiá-las quando fizessem mais uma exploração, e os passos em direção a um possível objetivo compartilhado.

RESUMO DAS AÇÕES COM AS CRIANÇAS E SUAS POSSIBILIDADES

Neste momento, crianças e professores examinam, mais uma vez, a conversa anterior sobre maneiras de melhorar as instalações da escola (ver Figura 4.16).

Tudo o que elas haviam discutido e todo o trabalho que estavam fazendo se juntou em um instante em que uma das crianças declarou: "Podemos fazer um parque de diversões para os pássaros lá fora, e em toda a nossa escola!" (ver Figura 4.17).

Essa sugestão entusiasmada rapidamente se transformou em um objetivo e, depois, em um projeto geral e um plano de ação. Em maio, foi seguida por um intenso período de construção, dessa vez envolvendo toda a escola, além de pais, avós, vizinhos e até mesmo o sistema de abastecimento de água da cidade, quando os trabalhadores vieram instalar uma fonte separada para abastecer as muitas fontes, bem como o laguinho que as crianças queriam reformar.

Todo esse esforço no final do ano letivo parecia demandar uma espécie de conclusão grandiosa. Crianças e adultos imaginaram e desejaram uma celebração adequada à conclusão do projeto (ver Figuras 4.18 e 4.19). Malaguzzi estava totalmente de acordo com essa ideia. Ele considerou a reunião uma ocasião perfei-

FIGURA 4.16 Reunião do grupo para planejar como melhorar as instalações da escola e dar seguimento às intenções iniciais das crianças.

FIGURA 4.17 Uma criança do grupo lança a ideia de construir um parque de diversões para pássaros!

FIGURA 4.18 Um anúncio da abertura e da celebração do *Parque de diversões para pássaros* é desenhado, impresso e distribuído.

FIGURA 4.19 Amelia e as crianças leem sobre seu projeto na imprensa local.

FIGURA 4.20 Em funcionamento, uma das fontes construídas por crianças e professores: a fonte dos cata-ventos.

FIGURA 4.21 O grande grupo de pais, amigos e vizinhos vem de todas as partes da cidade de Reggio Emilia.

FIGURA 4.22 Os cozinheiros da escola, ajudados pelos pais, preparam o maior bolo já visto e muitos lanches e refrescos.

ta, como já havia acontecido mais de uma vez, para mostrar as realizações de sua visão para a educação de todas as crianças aos cidadãos de Reggio e ao público em geral (ver Figuras 4.20 a 4.22). Sua mensagem atingiu o alvo desejado: diretamente, aquelas muitas pessoas que participaram da celebração, e, indiretamente, os leitores da imprensa local, que deu ampla cobertura aos eventos daquele dia.

GEORGE FORMAN NO *PARQUE DE DIVERSÕES PARA PÁSSAROS*

Para concluir, podemos refletir sobre como projetos semelhantes ao descrito aqui correspondem aos princípios fundamentais das pré-escolas municipais de Reggio Emilia, segundo a visão de um dos participantes iniciais. George Forman, que esteve profundamente envolvido nessa experiência e no registro do processo em vídeo, escreveu o seguinte:

> A filosofia educacional por trás dessas escolas pode ser considerada como uma interpretação das teorias construtivistas e sócio-construtivistas. Na primeira análise, essas teorias precisam ser diferenciadas das teorias do conhecimento. A premissa básica é a de que o conhecimento é construído como um sistema de relações, de modo que a simples associação entre dois estímulos, ou entre um estímulo e uma resposta, é insuficiente para definir o processo de construção do conhecimento. Somente por meio de um processo de releitura e revisão as crianças conseguem organizar o que aprenderam com uma experiência específica dentro de um

sistema ou relações mais amplos. Esses processos são construídos individual e socialmente, e aqui reside a imagem da criança como construtora ativa de seu conhecimento – uma das premissas fundamentais da filosofia e da prática que ficou conhecida como abordagem de Reggio Emilia.

O projeto *O parque de diversões para pássaros* é um exemplo maravilhoso da escola como lugar onde as crianças são incentivadas a refletir sobre uma experiência, em vez de simplesmente vivenciá-la, um contexto que as provoca não apenas a observar, mas também a refletir sobre suas observações. Isso é feito não só a partir da releitura compartilhada dos materiais que documentam as experiências das crianças, mas também pelo uso de outras linguagens expressivas – desenho, escultura com argila e arame, e assim por diante – como ferramentas para conceber, expandir e elaborar ideias e experiências (ver Figura 4.23).

O construtivismo social desse encontro reside na maneira como os professores respeitam a necessidade das crianças de gerar suas próprias perguntas e as incentivam a revisitar suas escolhas. Os professores estão interessados em ajudá-las a entender sua experiência, e não apenas a se lembrar

FIGURA 4.23 Outra das muitas fontes ativas, que durou alguns anos no parque da La Villetta School.

dela. As crianças são ensinadas a inferir, prever, confirmar – a ir além do que é dado, isto é, organizar fatos em estruturas que tornem algumas possibilidades mais prováveis do que outras. (FORMAN, Prefácio a Malaguzzi, 1995, p. 8).

REFERÊNCIAS

AN AMUSEMENT PARK FOR BIRDS. Produced by George Forman e Lella Gandini. Amherst, MA: Performanetics, 1995. 1 videocassette.

FERRI, G.; DAVOLI, M. (Eds.). *Reggio Tutta: a guide to the city by the children*. Reggio Emilia: Reggio Children, 2011.

GANDINI, L. The atelier: a conversation with Vea Vecchi. In: EDWARDS, C.; GANDINI, L.; FORMAN, G. (Eds.). *The hundred languages of children: the Reggio Emilia experience in transformation*. 3rd ed. Santa Barbara: Praeger, 2012. p. 303-316.

MALAGUZZI, L. The idea of the amusement park for birds and the fountains. In: CASARINI, T.; GAMBETTI, A.; PIAZZA, G. (Eds.). *The fountains*. Reggio Emilia: Reggio Children, 1995. p. 10-13.

TO MAKE A PORTRAIT OF A LION. Produced by Amelia Gambetti, Giovanni Piazza e Loris Malaguzzi. Reggio Emilia: Reggio Children, 1987. 1 videocassette.

5

A escola inteira como ateliê:

reflexões de Carla Rinaldi

Organizado por Lella Gandini

Carla Rinaldi foi a primeira pedagogista (coordenadora pedagógica) a trabalhar com Loris Malaguzzi para desenvolver as pré-escolas e as creches de Reggio Emilia. Carla é uma autora reflexiva, pesquisadora e colaboradora atenta às transformações contínuas do pensamento e do trabalho desenvolvido nas escolas de Reggio Emilia. Por meio dos seus textos, ela continua apresentando as muitas conexões e camadas de complexidade da filosofia da abordagem de Reggio Emilia. Aqui, em uma conversa com Ettore Borghi, publicada em 2001, estão suas reflexões sobre a transformação das escolas de Reggio Emilia.

E. BORGHI: Foi na década de 1970. Seu universo se torna mais rico: um atelierista, dois professores trabalhando juntos e interações com outros educadores adultos.

CARLA: Primeiro, eu quero enfatizar o elemento extremamente inovador da presença de dois professores por sala. A presença dos dois professores, ainda que tivessem perfis profissionais análogos, concentrava-se totalmente em suas diferenças. Creio que essa escolha foi gerada na noção de haver dois pontos de vista diferentes, considerando o diálogo e a troca como qualidades essenciais da educação e do educador. Aqui, emergem o sentido profundo do trabalho em grupo e, de maneira antecipatória, uma interpretação sistemática da relatividade da criança. Podemos ver que o valor da diversidade é introduzido pela presença dos dois professores e abre caminho a outra presença: a do atelierista. Essa presença traz diversidade para a escola que é deliberadamente escolhida e usada, onde a metáfora das cem linguagens é representada pela formação profissional nas artes visuais.

Ainda que o ateliê já estivesse nas escolas em 1963, foi na década de 1970 que surgiu a teoria das cem linguagens. Naquele momento, o ateliê foi declarado um lugar para as cem linguagens: desenho, pintura, escultura, matemática, poesia – linguagens que dialogam com

> as diferentes disciplinas e os diferentes mundos culturais. O ateliê trouxe outra diferença para a escola e promoveu ao máximo a ideia da diversidade, incentivando uma nova pedagogia que enfatizasse a subjetividade [e a interconectividade] da criança. Considerando o ateliê uma metáfora, gostaria de dizer (e não sou a única) que a escola como um todo tem de ser um grande ateliê, onde crianças e adultos encontram suas vozes em uma escola que se transforma em um grande laboratório de pesquisa e reflexão. (BORGHI, 2001, p. 138).

Continuamos com parte da palestra que Carla deu aos educadores da cidade de Pistoia, na primavera de 2003, apresentando suas ideias sobre criatividade, isto é, uma interpretação desse ingrediente básico e nem sempre discutido no funcionamento do ateliê.

A CRIATIVIDADE COMO QUALIDADE DO PENSAMENTO

O extraordinário na mente humana não é apenas a nossa capacidade de passar de uma linguagem a outra, de uma "inteligência" a outra; também somos capazes da **escuta recíproca**, a qual possibilita a comunicação e o diálogo. As crianças são os ouvintes mais extraordinários que existem. Elas codificam e decodificam, interpretando dados com uma criatividade impressionante. As crianças "escutam" a vida em todas as suas facetas, escutam os outros com generosidade e logo percebem que escutar é um ato essencial de comunicação. As crianças são biologicamente predispostas a se comunicar e estabelecer relacionamentos; é por isso que sempre devemos lhes dar muitas oportunidades para que representem suas imagens mentais e as compartilhem com os outros.

Avançando de uma linguagem a outra, de um campo de experiências a outro, as crianças podem cultivar a ideia de que os outros são indispensáveis para sua própria identidade e sua própria existência. Ao compartilhar, entendemos não apenas que o outro se torna indispensável para a nossa identidade, para a nossa compreensão, para a comunicação e a escuta, mas também que aprender juntos gera prazer no grupo, que o grupo se torna o lugar de aprendizagem. Esse é um valor fundamental, o qual podemos decidir adotar ou não. Assim, criamos o que chamamos de "público competente", ou seja, sujeitos capazes de escutar reciprocamente e se tornar sensíveis às ideias de outras pessoas, a fim de enriquecer as suas próprias e gerar ideias coletivas.

Portanto, essa é a revolução que devemos criar: desenvolver a sensibilidade natural das crianças para apreciar, desenvolver e compartilhar as ideias de outras crianças. É por isso que consideramos o processo de aprendizagem como um processo criativo. Com "criatividade", quero dizer a capacidade de criar novas conexões entre pensamentos e objetos que promovam inovação e transformação, partindo de objetos conhecidos e estabelecendo novas conexões.

Eis um exemplo: um menino de 3 anos está brincando com um pedaço de arame. Primeiro, ele faz uma pulseira; depois, no encosto de uma cadeira, o arame vira um cavaleiro andando em seu cavalo; por fim,

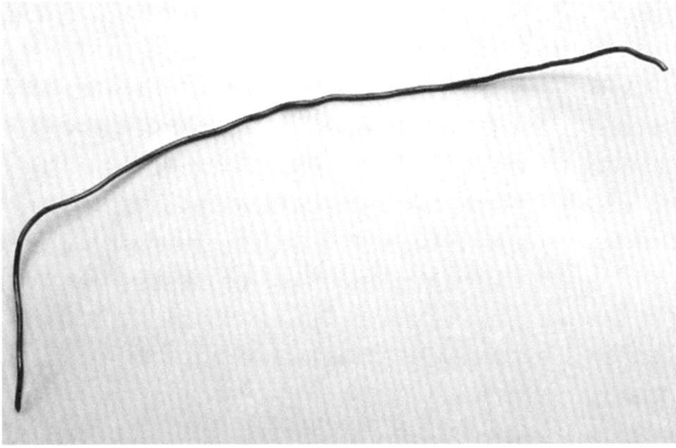

FIGURA 5.1 A criança pega um pedaço de arame.

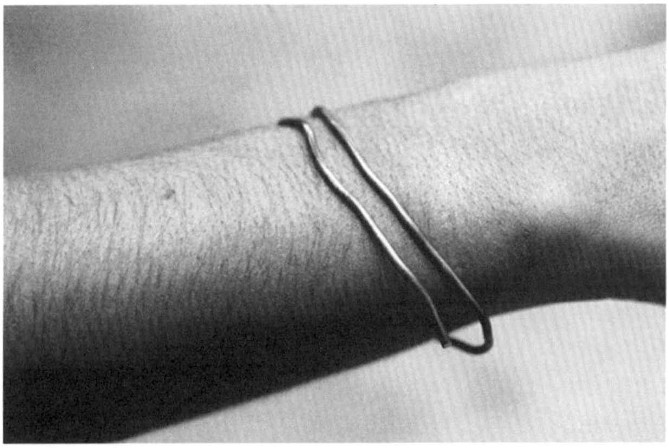

FIGURA 5.2 A criança faz uma pulseira com o arame.

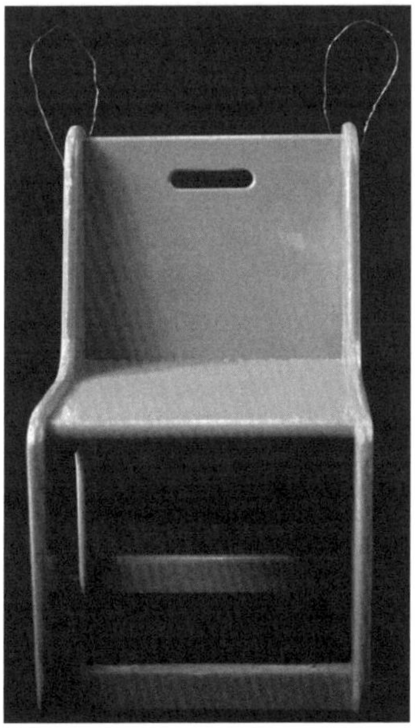

FIGURA 5.3 A criança coloca orelhas de arame na cadeira e diz: "cavalo".

o arame se transforma nas orelhas do cavalo (ver Figuras 5.1 a 5.3).

Como sabemos, os seres humanos são equipados com duas formas de pensamento: o pensamento convergente, que tende à repetição, e o pensamento divergente, que tende à reorganização de elementos. O pensamento divergente é o tipo que vemos no exemplo anterior, é a combinação de elementos incomuns que as crianças fazem com muita facilidade, pois não têm uma base teórica específica ou conexões estabelecidas entre objetos e fatos.

Por que é tão difícil para os adultos usar o pensamento divergente? Principalmente porque ele é conveniente, mas também porque mudar de opinião pode representar perda de poder. As crianças, por outro lado, procuram o poder, mudando de ideia, na honestidade que têm em relação às ideias e aos outros, na honestidade de sua escuta. No entanto (infelizmente), elas logo entendem que ter ideias que divirjam das de seus professores e seus pais e expressá-las na hora errada não é considerado algo positivo. Então, não é o pensamento criativo que morre, e sim a legitimação da criatividade do pensamento.

O pensamento criativo também pode levar à solidão. A criatividade, em princípio, é relacional, e precisa ser aprovada para se tornar um valor compartilhado. Todavia, é muito comum termos medo dessa criatividade, até mesmo da nossa, pois ela nos torna "diferentes". No jogo, conforme observa Piaget, as crianças pegam a realidade na mão para se apropriar dela. Elas a decompõem e recompõem livremente, consolidando essa qualidade de pensamento convergente e divergente. Por meio do jogo, as crianças confrontam a realidade e a aceitam, desenvolvem o pensamento criativo e fogem de uma realidade que, muito frequentemente, costuma ser opressiva. É aqui que se enraízam alguns dos nossos erros mais graves. A dimensão do jogo (com palavras, faz de conta e assim por diante), portanto, é um elemento essencial do ser humano. Se privarmos crianças e adultos dessa dimensão, removemos uma possibilidade de aprender. Rompemos a relação dual entre jogo e aprendizagem. O processo criativo deve ser reconhecido e legitimado pelos outros.

A criatividade não é apenas a qualidade do pensamento de cada indivíduo; ela também é um projeto interativo, relacional e social. Ela requer um contexto que lhe permita existir, ser expressa e tornar-se visível. Nas escolas, a criatividade deve ter a oportunidade de se expressar em cada local e a cada momento. Nossa esperança é ter uma aprendizagem criativa e professores criativos, e não apenas uma "hora da criatividade". Dessa forma, o ateliê deve apoiar e garantir todos os processos criativos que possam ocorrer em qualquer lugar da escola, em casa e na sociedade. Devemos nos lembrar de que não haverá criatividade na criança se não houver criatividade no adulto. Teremos uma criança competente e criativa se houver um adulto competente e criativo.

Pense em nossa relação com a arte. A arte, muitas vezes, é separada da vida e, como a criatividade, não é reconhecida como um direito cotidiano, como qualidade de vida. O desenvolvimento disciplinar das ciências trouxe muitos benefícios, mas também levou a problemas, como a especialização exagerada e a compartimentação do conhecimento. De modo geral, nosso sistema social adere a essa lógica de separação e fragmentação dos níveis de poder. Com muita frequência, nos ensinam a separar aquilo que é conectado, a dividir, em vez de reunir, as disciplinas, a eliminar tudo o que poderia levar à desordem. Por essa razão, é absolutamente indispensável reconsiderar a nossa relação com a arte como uma dimensão essencial do pensamento humano. A arte da vida diária e a criatividade da vida diária devem ser direitos de todos. Sendo assim, a arte faz parte das nossas vidas, de nossos esforços para aprender e conhecer.

REFLEXÕES FINAIS

Em suas conversas com Ettore Borghi sobre o processo histórico de mudanças das escolas em Reggio Emilia, Carla Rinaldi observou que não podemos separar o poderoso efeito do ateliê das importantes inovações que prepararam o caminho para seu estabelecimento. Em particular, ela ressaltou a introdução dos papéis dos dois professores, voltados completamente a contribuir com pontos de vista diferentes e "o valor da diversidade" para o trabalho do grupo. Mais uma vez, vemos um sistema criando efeitos positivos no ensino e na aprendizagem.

A seguir, vieram as reflexões de Carla sobre as conexões entre diálogo, comunicação, relacionamento e escuta recíproca para a formação da qualidade de pensamento e, como consequência, da criatividade. Ela nos convida a refletir sobre como o contexto das escolas, com apoio do ateliê, deve propiciar processos criativos que ocorram em todos os lugares e considerar que a criatividade e a arte devem ser reconhecidas como direitos cotidianos que contribuem para a qualidade de vida.

REFERÊNCIA

BORGHI, E. L'organizzazione, il metodo. In: LORENZI, O.; BORGHI, E.; CANOVI, A. *Una storia presente: l'esperienza delle scuole comunali dell'infanzia di Reggio Emilia*. Reggio Emilia: RS Libri, 2001.

6

A gramática dos materiais

Charles Schwall

"Alice e a baleia" é uma mini-história oriunda da exposição *The hundred languages of children*, que oferece uma visão do poderoso relacionamento que uma criança pequena pode ter com materiais. Em uma sequência de imagens belamente documentada, Alice, uma criança de Reggio Emilia, de 2 anos de idade, está sentada à mesa e brinca com alguns pedaços de fio de cobre.

"Eu faço um peixe", ela explica enquanto usa as mãos para dar um formato ovalado a um pedaço de arame. A seguir, usa pedaços menores para criar vários peixinhos. À medida que percebe que um arame é maior do que os outros, ela diz: "Este arame é bem grande!".

De repente, ela ergue os braços o mais alto possível, esticando o arame entre as mãos, e exclama: "Que peixe grande! É uma baleia! Que bocão você tem! É melhor comer você – Nhac!". Então dá ao pedaço grande de fio um amplo formato oval.

Essa mini-história revela o uso imaginativo que uma menina pequena faz do arame para representar e contar uma história. Suas palavras e ações são cheias de fascinação ao transformar pedaços de arame comuns em uma história. Nesse instante, o arame assume qualidades semelhantes à linguagem: passa a representar vários peixes e denota sentido dentro dos vários aspectos da história encantadora e surpreendente que ela conta (ver Figura 6.1).

Os educadores italianos de Reggio Emilia usam a expressão "cem linguagens" como uma metáfora para o ensino, a aprendizagem e o uso expressivo de materiais que ocorrem dentro de suas escolas (ver Capítulo 2). A ideia de que os materiais têm capacidade de assumir aspectos expressivos e sentido comparável à linguagem verbal é fundante à pedagogia de Reggio Emilia. De que forma um pequeno pedaço de arame ou qualquer outro tipo de material comunica conteúdo e porta sentido? O que significa um material se tornar uma linguagem expressiva? Como as crianças podem estabelecer relações dotadas de sentido com materiais e usá-los para expressar e se comunicar? Os materiais têm poderosas capacidades para representar, retratar e contar histórias. Os educadores podem descobrir esse potencial ao conceber contextos de aprendizagem que incentivem os alunos mais novos a usar os materiais para ir em busca de suas próprias estratégias e inventar suas próprias soluções.

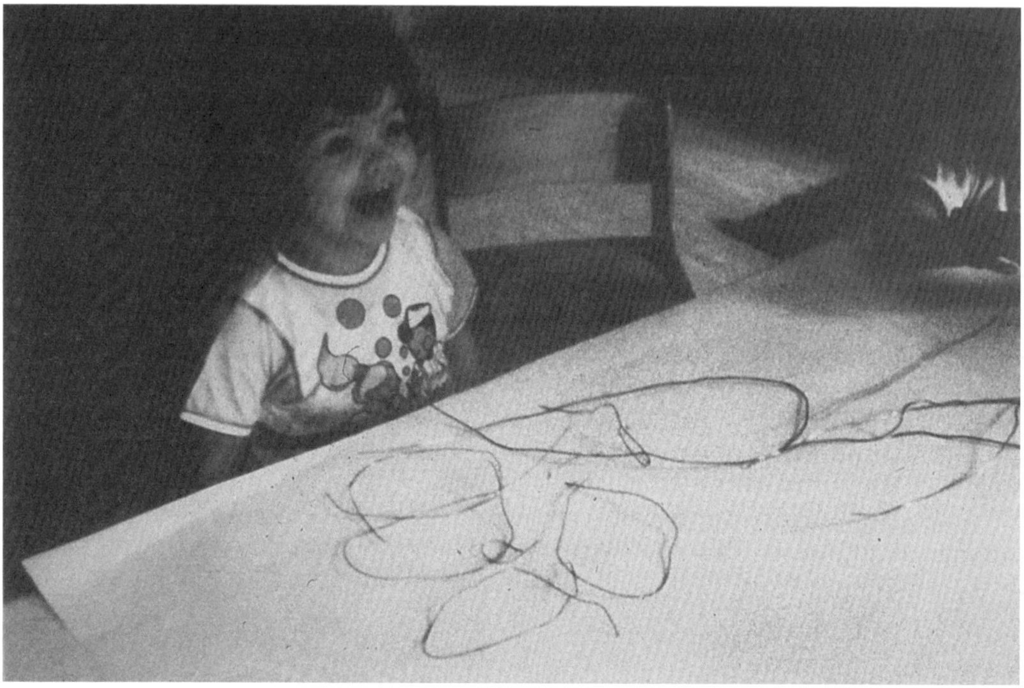

FIGURA 6.1 Alice e a baleia.

MATERIAIS, RELAÇÕES E LINGUAGENS: ENTREVISTA COM GIOVANNI PIAZZA

Essa entrevista foi realizada em maio de 1997 por Lella Gandini. Nela, Giovanni Piazza, apresentado no Capítulo 4 como atelierista da La Villetta School, discute conceitos fundamentais ao singular uso de materiais expressivos encontrados nas escolas de Reggio Emilia. Ele fala dos primeiros encontros das crianças com os materiais, de como a expressividade se desenvolve e de algumas das características essenciais dos materiais como linguagens:

> Os primeiros encontros das crianças com os materiais envolvem exploração e ação. Esse passo é necessário no processo de compreensão das crianças. Por meio desses encontros e explorações, elas se conscientizam sobre o que pode acontecer com os materiais, e os adultos desenvolvem a capacidade de observar e apoiar o significado de cada experiência específica.
>
> Quando consideramos um material em si ou na forma como é apresentado a uma criança, ou quando começamos a explorá-lo, é cedo demais para falar sobre a linguagem desse material. O material é estático. É claro que ele pode sugerir e inspirar ideias, mas seria mais apropriado falar das características ou propriedades de um material considerado em si e, como sugere George Forman [1994, p. 41-43], analisar as **possibilidades** dos diferentes materiais.
>
> É por intermédio das interações entre uma criança e um material que um alfabeto pode se desenvolver. À medida que as crianças usam papel, argila, arame, etc., diferentes alfabetos

desenvolvem-se a partir de diferentes materiais. À medida que as crianças usam suas mentes e mãos para agir sobre um material usando gestos e ferramentas, e começam a adquirir habilidades, experiência, estratégias e regras, são desenvolvidas estruturas que podem ser consideradas uma espécie de alfabeto ou gramática. Esse alfabeto ou gramática do uso dos materiais deve ser descoberto pelas crianças em parceria com adultos. É essencial que elas obtenham conhecimento sobre os materiais, adquiram competência para trabalhar com eles e os usem de diversas maneiras. Muitas vezes, elas descobrem ou inventam diferentes maneiras de usá-los no processo de experimentação ao observar outras crianças.

Provavelmente, a melhor maneira de descrevermos um alfabeto é como uma combinação das características de um determinado material, juntamente com a relação que surge na interação entre a criança e esse material. É durante a construção dessa relação que se apresentam as possibilidades de modificação, transformação e estruturação do material, de modo que ele, transformado, possa se tornar um canal de expressão que comunique os pensamentos e sentimentos da criança.

Em uma situação que serve de apoio à comunicação, como em nossas pré-escolas, onde a educação se baseia em relacionamentos, ao transformar um material para comunicar (papel, tinta, argila, etc.), estruturamos uma linguagem. Cada idioma possui um sistema comunicativo.

Procurar e descobrir como um determinado material se apresenta e é transformado ajuda a criança a adquirir conhecimento sobre o material em si – sobre textura, forma, formato, cor, aparência exterior e interior. Aos poucos, a criança aprende que um material pode ser usado de muitas maneiras diferentes.

[Em nossas escolas], as crianças adquirem um amplo espectro de conhecimentos sobre materiais, e isso lhes permite usar diferentes alfabetos em seu processo individual de representação e dar forma às suas próprias ideias. Está claro que, em um espaço preparado e apoiado por adultos com intencionalidade, as crianças, que já conhecem alguns alfabetos, construirão outros.

As primeiras explorações e pesquisas das crianças sobre as qualidades e características dos materiais ocorrem nas creches. Então, quando as crianças chegam à pré-escola, em torno dos 3 anos de idade, continua a construção lenta e gradual do conhecimento sobre os materiais. Esse conhecimento é baseado nas possibilidades que elas têm de encontrar diferentes materiais. Também temos de ter em mente que um ponto muito importante para os professores é entender como reconhecer (ou, pode-se dizer, ler) a relação e o intercâmbio entre criança e material, e cultivar o crescimento da consciência entre os colegas para apoiá-la. Observar cuidadosamente e escutar as crianças nos ajuda a entender as formas de aprender com os materiais que elas desenvolvem, para que nós possamos apoiá-las. (GANDINI, 2005, p. 13-15).

Comentário: possibilidades e *feedback* do meio

A qualidade alfabética interna, ou a gramática, de um material descrito por Giovanni refere-se às propriedades físicas que são exclusivas daquele material e como a criança as usa para se expressar e se comunicar. A argila, por exemplo, tem qualidades plásticas tridimensionais; pode ser dobrada, torcida ou modelada com os dedos, ou pode assumir a forma volumétrica e a textura da superfície. A tinta tem mobilidade líquida em uma superfície bidimensional; pode se tornar opaca ou transparente, bem como delinear uma infinita variedade de formas e cores geométricas ou orgânicas. Objetos encontrados também podem assumir qualidades comunicativas. Objetos da vida diária, da natureza ou de outras fontes são únicos, pois podem ser combinados e montados em vários formatos e formas, bem como assumir uma infinita variedade de associações simbólicas. Cada material tem potencial para se tornar um sistema comunicativo único.

Giovanni também se refere ao conceito de possibilidades com materiais na aprendizagem de crianças pequenas (FORMAN, 1994). Cada material diferente possui habilidades únicas para a comunicação e tem propriedades físicas que fazem alguns conceitos serem mais facilmente representados do que outros. Uma possibilidade é a transformação de um material que uma criança pode produzir facilmente, de modo que este assuma conteúdo simbólico. Um material possibilita conteúdo quando cede, por meio de um processo de transformação, ao desejo da criança. Por outro lado, um material pode possuir uma restrição se certos sentidos forem difíceis de simbolizar. Forman enfatiza que é importante que as crianças encontrem o material mais efetivo para expressar ou representar uma ideia ou conceito e, depois, aprendam a chegar a acordos criativos com os materiais à medida que seu trabalho é desenvolvido.

O nível de alfabetização de cada criança com relação aos meios precisa ser levado em consideração. Alfabetização em meios é o conhecimento de como um material pode ser usado nos processos de produção de sentido. Como em qualquer área do conhecimento, o conhecimento material não é estático, mas está sempre mudando, crescendo e evoluindo. As crianças constroem o conhecimento material à medida que usam todo o tempo necessário para explorar e descobrir as capacidades e técnicas únicas que um material oferece.

O relacionamento informal de uma criança com um material, no entanto, não produz necessariamente expressividade nem linguagem visual expressiva. Um material transforma-se em linguagem quando, por meio do relacionamento de uma criança com as capacidades únicas desse material, cria-se e comunica-se sentido. Nesse processo, o papel do professor é constituído em camadas e é multifacetado. Estruturas de aprendizagem podem ser concebidas para envolver o uso de materiais pelas crianças, promover descobrimentos abertos e, ao longo do tempo, desenvolver a compreensão do potencial expressivo e comunicativo dos materiais.

Este capítulo tratará de duas histórias: uma da St. Michael School of Clayton, St. Louis, e outra de Reggio Emilia. A primeira história, *Livro sensorial dos animais*, aborda as primeiras relações das crianças com os materiais e como os sentidos estão intrinsecamente ligados ao uso simbólico desses materiais. *Muitas bicicletas!* é um projeto de Reggio Emilia que destaca o uso de objetos encontrados e reciclados que os estudantes transformam em complexas e sofisticadas imagens de bicicletas.

O LIVRO SENSORIAL DOS ANIMAIS

O projeto *Livro sensorial dos animais* ocorreu em uma turma de idade mista na educação infantil dos alunos de 3 a 5 anos da St. Michael School, em Clayton, Missouri, Estados Unidos.* A turma estava participando de um projeto de pesquisa sobre animais, realizado no âmbito de toda a escola. O *Livro sensorial dos animais* era um aspecto do projeto de pesquisa mais amplo, realizado durante o ano letivo de 2010 a 2011. Em vez de apresentar uma visão abrangente de todo o projeto sobre animais, esta seção se concentrará nas relações iniciais das crianças com os materiais.

A inspiração para este projeto veio quando as crianças ficaram fascinadas com um pequeno livro *pop-up* que encontraram na biblioteca da sala referência. Era um livro de alfabeto interativo e multissensorial sobre insetos, o qual tinha muitas páginas que as crianças podiam tocar e sentir, e várias partes eram tridimensionais, com superfícies e texturas atrativas. As crianças ficaram intrigadas com o livro durante vários dias.

Colleen Begley, professora de sala referência da educação infantil, observou que as crianças haviam adorado o livrinho e perguntou-se como esse interesse poderia se tornar uma oportunidade que se conectasse ao projeto de pesquisa sobre animais de toda a escola. Ao longo do desenvolvimento do projeto, eu era professor de ateliê na escola, e Colleen e eu trabalhávamos juntos regularmente. Levantamos hipóteses sobre como as qualidades sensoriais do livro haviam encantado as crianças e nos perguntávamos se ele poderia ter um uso diferente. As perguntas de pesquisa formuladas para esse projeto se concentraram na aprendizagem que ocorre por meio dos sentidos das crianças. Como esses sentidos podem dar sustentação à aprendizagem sobre alfabetização e animais? Como os materiais podem dar sustentação à aprendizagem das crianças? Com base nessas observações e perguntas, organizamos uma nova oportunidade de aprendizagem para as crianças, que incluiria envolvimento familiar e itens encontrados em casa.

Coletando e compartilhando materiais

Sugerimos que as crianças e suas famílias coletassem objetos e materiais encontrados que lhes lembrassem um animal específico. Os itens coletados poderiam ser trazidos à escola e compartilhados com a turma. Na comunicação com as famílias, enfatizamos que os itens coletados não precisavam se parecer realmente com um animal. Em vez disso, pedimos que as crianças explorassem seus ambientes domésticos e coletassem materiais que as fizessem pensar de alguma forma em um animal. Concebemos uma proposta para que as crianças pudessem se tornar pesquisadoras em suas próprias casas e estabelecessem conexões entre materiais e animais. Nossa esperança era de que a proposta funcionasse como uma estrutura ou mentalidade aberta que produzisse resultados criativos, surpreendentes e im-

* N. de R.T. No original, *junior kindergarten*. No sistema educacional norte-americano é frequentado por crianças de 5 a 6 anos, sendo considerado parte da *elementary school*. Dependendo do estado, o *kindergarten* pode ser compulsório ou opcional. No Brasil, usamos educação infantil, que engloba desde a creche (0-3 anos) até a pré-escola (4-5 anos e 11 meses de idade).

previstos. Como todas as crianças da turma participariam fazendo coletas, o sentido poderia ser construído em conjunto à medida que os objetos fossem trazidos e compartilhados entre elas.

Usando o meio verbal

Forman (1994, p. 42) faz as seguintes perguntas: "Em que sequência ou combinações devemos apresentar um meio a crianças? As crianças devem avançar por um ciclo prescrito de meios enquanto tentam entender algo?".

É importante elas construírem algo com as mãos, inicialmente? Ou então, começarem pelo desenho ou algum outro meio? Diferentes sequências de materiais produzem resultados muito diferentes. A linguagem verbal pode ser eficaz se usada no início de uma experiência para investigar de maneira eficiente um tópico ou tema. Esta "efusão verbal" pode ser usada para ter acesso ao conhecimento, às memórias, às ideias e às especulações das crianças. A linguagem falada pode se tornar um campo de jogo para ideias, uma vez que não é restringida pelos ditames da forma física.

Nossa intenção no início do projeto era documentar as conexões estabelecidas pelas crianças entre os materiais coletados e suas ideias sobre os animais. Quando as crianças trouxeram os itens que haviam coletado à escola, todas estavam entusiasmadas para compartilhar o que encontraram. Os itens coletados eram muito diversos. Os alunos trouxeram objetos como pedaços de tecido e papel, plástico bolha, celofane, tampas de vários tipos de frascos, suportes para bolas de golfe, uma capa de esfregão, um paraquedas de brinquedo, entre outros objetos.

As discussões em aula aconteceram à medida que as crianças traziam o que haviam coletado. Uma menina trouxe bolas de algodão branco dentro de uma bolsa de celofane. As crianças passaram as bolas de algodão pelo grupo e revezaram-se para sentir sua suavidade e suas formas arredondadas. Colleen perguntou a elas: "De que animais essas bolinhas de algodão lembram?". A menina que as trouxera respondeu: ovelhas. Outras crianças da turma apresentaram novas ideias. Um menino exclamou que elas o lembravam de uma vaca; outra criança especulou: "Penas macias de búfalo".

Cada objeto provocou muitas ideias diferentes sobre o animal que poderia representar. Um retalho de feltro cinza foi chamado de "pele de camundongo", "um hipopótamo" e "pele de rato". Um feltro cor-de-rosa era "um gatinho", "um flamingo" ou "um avestruz".

As crianças estabeleceram muitas conexões entre texturas, formas e cores dos materiais e as qualidades específicas que pertenciam a diferentes animais. Um pedaço de couro sintético branco gerou ideias como "um elefante" ou "uma zebra". O couro era áspero como a pele de um elefante, mas também tinha um desenho listrado em sua textura. Um menino que pensou na cor branca respondeu: "Uma águia".

As discussões continuaram em pequenos grupos, as palavras e as ideias das crianças foram documentadas em um caderno.

As conversas durante os primeiros grupos de compartilhamento foram dinâmicas; as crianças gostaram de "testar" suas palavras e descrições com os materiais. Os alunos se envolveram em um jogo de identificação de sinais e símbolos e de descoberta dos possíveis significados dos símbolos. Nelson Goodman (1976), conhecido filósofo da estética do século XX, afirmou que lemos uma pintura da mesma forma que lemos um poema, e, de fato, as crianças estavam "lendo" os materiais.

Os alunos foram cativados inicialmente por estimulação sensorial dos vários objetos e fizeram as associações verbais sobre o que os materiais poderiam simbolizar. Até aquele momento no projeto, os materiais não haviam sido fisicamente transformados ou alterados, mas haviam acontecido muitos encontros significativos entre as crianças e os objetos coletados. O significado começava a surgir por meio das imaginações, dos sentidos e dos materiais das crianças.

Materiais, desenho e escrita

À medida que o projeto avançava, Colleen e eu observávamos que algumas crianças, individualmente, começavam a desenvolver suas próprias conexões com determinados objetos, fosse algo que elas haviam trazido ou que outra criança havia coletado. Queríamos partir das conexões que os alunos estavam criando, então providenciamos para que eles trabalhassem em pequenos grupos, a fim de explorar ainda mais os materiais coletados, dessa vez por meio do desenho e da escrita. Em pequenos grupos, as crianças exploraram novamente os itens coletados, circulando-os entre o grupo e tocando neles com as mãos e os dedos. Colleen leu as palavras das crianças em seu caderno para lembrá-las do que havia sido dito antes sobre cada objeto. Ela convidou os alunos a escrever palavras ou frases, fazer desenhos ou apresentar novas ideias que descrevessem o animal ou o material.

A integração dos diferentes processos de aprendizagem de linguagem verbal, desenho e escrita ajudou as crianças a aprofundar seus entendimentos. Encontrar os objetos em casa e trazê-los à escola foi uma experiência multissensorial. Procurá-los envolveu o movimento do corpo, bem como os sentidos da visão e do tato. Os desejos das crianças foram ativados à medida que elas estabeleciam suas próprias conexões entre objetos e animais. Desenho e escrita proporcionaram novas formas de ampliar e aprofundar essas conexões.

Transformando os materiais

Mais tarde, depois de participar de muitos grupos pequenos, as crianças trabalharam com os professores para criar um livro que combinasse materiais coletados, desenhos e palavras escritas. Cada material se referia a mais de um animal, e a diversidade das ideias das crianças poderia ser representada nas páginas do livro.

À medida que os grupos compunham o livro, as crianças começaram a transformar os materiais para que se assemelhassem a aspectos específicos dos animais, como a forma do corpo ou a aparência do rosto. Por exemplo, um pedaço de filme plástico foi retorcido e moldado na forma de uma arraia, antes de ser colado na página (ver Figura 6.2). Um paraquedas de brinquedo foi dobrado para adquirir um formato de meio círculo, parecido com o corpo de uma medusa ou de uma borboleta (ver Figura 6.3). Os suportes para bolas de golfe foram cuidadosamente colocados na página, de modo a apontar para cima na diagonal e assemelhar-se aos chifres de um cervo ou uma girafa (ver Figura 6.4).

FIGURA 6.2 O filme plástico foi retorcido e moldado para representar uma arraia.

FIGURA 6.3 Um paraquedas de brinquedo dobrado representa o corpo de uma medusa ou uma borboleta.

As tampas de plástico douradas, de aparência brilhante e reflexiva, foram dispostas na página, muito próximas umas às outras, para ter a aparência dos olhos de um morcego brilhando na escuridão. As crianças formularam suas ideias visualmente e as refinaram à medida que trabalhavam.

Em outras situações, elas optaram por não mudar os materiais, colocando-os no livro em sua forma original. Um pedaço de tecido cinza foi colado em uma página inalterada, junto às palavras descritivas *hipopótamo*, *cavalo*, *pele de camundongo* e *pele de rato*. Nessas páginas, os alunos ficaram satisfeitos com o resultado; o material tinha sentido e poder simbólico para eles, sem mais transformações; os materiais eram denotativos desde o início. Isso é importante, pois revela a transferência simbólica do sentido que ocorre na mente.

O pedaço de feltro cinza assumiu um aspecto de linguagem quando foi recontextualizado na mente da criança e relacionado a um hipopótamo, um cavalo, etc. O feltro não havia mudado fisicamente, mas foi reapropriado na mente para fins simbólicos, com base no desejo da criança.

O conhecimento sensorial tem potencial para informar o desenvolvimento de uma linguagem: os materiais podem tornar-se carregados de sentido quando mãos e mente trabalham juntas. Cada material – bolas de algodão, plástico bolha ou tampas de plástico – corporificava qualidades únicas e específicas que ofereciam diferentes sentidos com base em suas qualidades físicas singulares. As crianças descobriram o potencial dos materiais coletados em parceria com os adultos e no contexto do projeto, dotado de sentido. Suas primeiras interações com os materiais evoluíram para

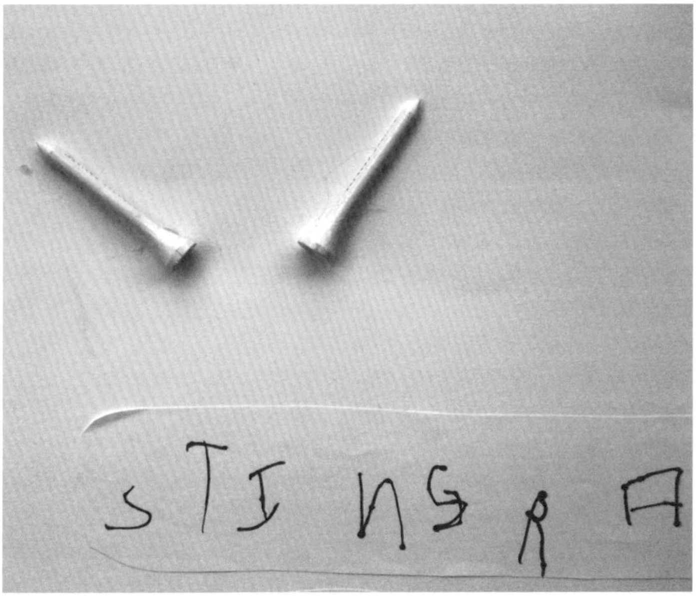

FIGURA 6.4 Suportes de bolas de golfe dispostos cuidadosamente na página assemelham-se aos chifres de um cervo ou uma girafa.

as páginas de seu próprio livro fascinante, que comunicava as primeiras impressões das crianças sobre os animais.

MUITAS BICICLETAS! UMA EXPERIÊNCIA DE REGGIO EMILIA

Se você visitar Reggio Emilia, ao atravessar a passagem subterrânea perto da estação de trem, verá muitas belas representações de bicicletas instaladas ali. Essa instalação é o resultado de um projeto colaborativo que incluiu a participação do sistema escolar de Reggio Emilia, do centro de reciclagem REMIDA e de 40 escolas e centros educacionais diferentes, incluindo pré-escolas, escolas de ensino médio, salas de brinquedos e escolas paroquiais. A passagem da estação de trem é um local de trânsito público, usada por muitas pessoas que se deslocam na cidade todos os dias. Ela foi transformada em um lugar para novos encontros e diálogos, e o tema das bicicletas foi escolhido devido à sua relevância específica para o uso do espaço na cidade. Crianças de várias faixas etárias e de várias escolas e centros criaram as representações das bicicletas. Algumas das composições foram feitas usando meios tradicionais, ao passo que outras foram produzidas a partir de imagens digitalizadas de objetos reciclados. Embora todas as imagens sejam semelhantes, visto que representam bicicletas, elas foram criadas em locais diferentes e com muitas abordagens imaginativas distintas (ver Figura 6.5).

FIGURA 6.5 Representações de bicicletas instaladas na passagem subterrânea da estação de trem perto do Loris Malaguzzi Center, em Reggio Emilia, Itália.

Espaços de trabalho

Foram criados dois ambientes de ateliês móveis, ou espaços de trabalho, para crianças e professores. O primeiro espaço de trabalho foi criado no centro de reciclagem REMIDA, um ateliê com prateleiras de materiais reciclados e reutilizáveis que coexistiam com mídias digitais, como quadros interativos do tipo *smartboard*, câmeras digitais, *scanners* e computadores operando em rede. O segundo espaço de trabalho era um miniateliê digital móvel que poderia ser facilmente transportado para diferentes escolas. Esse espaço de trabalho continha dois *scanners*, câmeras digitais e uma impressora. As ferramentas do ateliê móvel eram otimizadas para ser rapidamente configuradas e usadas com as crianças. Esses dois espaços de trabalho funcionaram para dar suporte à ênfase no conteúdo relacionado à bicicleta e para explorar e abrir interações entre materiais tradicionais e tecnologia digital.

Experimentos, *feedback* dos meios e revisão

Algumas das imagens de bicicletas foram compostas por objetos encontrados que haviam sido digitalizados em computador (ver Figuras 6.6 e 6.7). Em uma imagem, uma corrente prateada representa um quadro de bicicleta, flores e fios estão dispostos como rodas, e um peixinho de brinquedo adorna a bicicleta como assento. Em outra imagem, tampas metálicas são usadas como rodas, e uma bobina de metal longa e em espiral representa o quadro da bicicleta. Esta tem um ciclista feito de fios de várias medidas, cuidadosamente embalados e retorcidos em forma de corpo. O ciclista se equilibra precariamente no assento da bicicleta.

O artigo italiano sobre o projeto de bicicleta, *Bicitante*, de Giovanni Piazza e Bruna Elena Giacopini (2012), enfatiza a natureza experimental do trabalho e da valorização das primeiras tentativas e erros dos alunos. Eles documentaram a evolução de alguns dos trabalhos de arte; por exemplo, como esboços em papel e no computador foram combinados por meio de um processo de tentativa e erro. À medida que trabalhavam em suas imagens, os alunos foram aperfeiçoando suas habilidades com a nova tecnologia. De certa forma, eles estavam construindo novos vocabulários visuais, em um processo semelhante ao de um escritor que usa vários rascunhos para refinar e revisar a linguagem escrita.

Alguns meios dão às crianças mais espaço para experimentação do que outros (FORMAN, 1994). Por exemplo, os *scanners* proporcionam mais liberdade e possibilidades, uma vez que materiais complexos podem ser digitalizados e, depois, facilmente modificados e recortados conforme a necessidade. Os itens colocados no *scanner* também podem ser organizados, reconfigurados e reimaginados de maneiras que seriam impossíveis no mundo real. Sementes de plátanos podem representar rodas, uma pedrinha pode tornar-se um assento de bicicleta ou um conjunto de gravetos pode ser organizado para parecer-se com um quadro de bicicleta. As crianças podem retomar rascunhos anteriores usando arquivos digitais ou comandos de histórico encontrados no programa. Os meios que proporcionam mais liberdade são considerados não reativos, na medida em que estão livres das restrições das leis do mundo físico.

FIGURA 6.6 Objetos reciclados foram digitalizados no *scanner* para criar representações de bicicletas.

FIGURA 6.7 Uma imagem de bicicleta chama a atenção de visitantes em Reggio Emilia.

As sementes de plátano não precisam aguentar o peso de uma bicicleta e um ciclista de verdade. Nesse sentido, o uso do *scanner* pelas crianças é semelhante a um desenho, uma pintura e outras formas que oferecem uma possibilidade mais ampla de expressão simbólica.

Em contrapartida, os materiais são reativos quando têm uma correspondência funcional com as leis físicas do mundo real. Forman dá o exemplo dos blocos como meio reativo, pois eles caem se não forem bem empilhados ou equilibrados. Os blocos têm uma relação autocorretiva com as forças da gravidade e do equilíbrio, devendo estar de acordo com essas leis físicas; se não forem usados corretamente, reagem imediatamente a essas forças e desabam.

As representações de bicicletas de Reggio Emilia são experimentos com linguagem visual simbólica que exigem alfabetização gráfica. Os meios não reativos (como grafismos, desenhos ou imagens digitalizadas) usados para criar colagens apresentam demandas cognitivas a crianças, as quais são simbólicas ou virtuais, em vez de reais. Isso dá muita liberdade às crianças. Em forma gráfica, um quadro de bicicleta não precisa se sustentar estruturalmente ou ficar de pé; as rodas e os pedais não têm de impulsionar mecanicamente o movimento de uma bicicleta. A alfabetização gráfica, no entanto, exige que esses elementos sejam simbolizados efetivamente. O desafio cognitivo dos meios não reativos é inventar um sistema de representação coerente e dotado de sentido, que simbolize os objetos, bem como qualquer dinâmica física envolvida.

Ao escolherem objetos reciclados e lhes atribuírem sentido simbólico, as crianças estavam efetivamente construindo sistemas representativos simbólicos. Objetos do mundo real foram reconstituídos como parte de um sistema pictórico baseado na abordagem imaginativa do aluno. A busca pela correspondência entre o objeto e o que é representado cria uma nova linguagem visual. Ao escolher um objeto, a criança o situa em uma composição e lhe atribui sentido, e um novo sistema de comunicação começa a surgir. Ela pode avaliar a relação entre o objeto e o que é simbolizado com base no nível de satisfação estética que ele proporciona. Um objeto usado pode proporcionar mais satisfação do que outro. Conforme a descrição de Giovanni e Elena, a natureza do projeto incentivou os alunos a revisar suas representações devido às descobertas feitas com os materiais.

Os sistemas simbólicos de representação são abertos, fluidos e modificáveis. Um peixe de brinquedo não se parece necessariamente com o assento de uma bicicleta, mas pode representá-lo simbolicamente dentro de um sistema apropriado de relações. Em certo sentido, qualquer objeto pode ser usado para representar qualquer outro objeto; não há exigência de que um símbolo possua uma semelhança visual com o sentido que representa (GOODMAN, 1976). Para representar, um material deve funcionar dentro de um conjunto pictórico de relações que, juntas, formem um sistema. Os símbolos visuais estão permanentemente abertos a invenção, revisão e descoberta com base em escolhas pessoais ou individuais. Isso também está no cerne da metáfora das cem linguagens, pois os materiais oferecem modos ilimitados de comunicação que podem ser permanentemente reinventados e renovados. As linguagens expressivas dão às crianças a liberdade de produzir sentido, responder ao *feedback* e fazer escolhas cognitivas e estéticas que permaneçam no domínio simbólico.

Atravessando meios: interação dos meios tradicionais com formas digitais

Em uma entrevista com Lella Gandini, Giovanni Piazza amplia o conceito de alfabetos internos dos materiais. Ele afirma que, depois que as crianças descobrem o alfabeto interno de um material e adquirem familiaridade suficiente com ele, elas costumam descobrir que "[...] o alfabeto interno compartilha qualidades com outros materiais e está contaminado por eles [...]" (GANDINI, 2005, p. 134).

Ao ser usado para comunicar dentro de um sistema representação, cada material corporifica técnicas, conhecimentos e processos próprios. Uma vez que a criança tenha adquirido experiência com um meio, é possível combinar o conhecimento de uma linguagem material com outra para criar algo novo. A **contaminação** é a influência que uma forma de expressão tem sobre outra; um processo de influência mútua ocorre por meio da hibridização das duas formas.

O projeto das bicicletas visava abrir novas interações entre materiais tradicionais e meios digitais. Os alunos combinaram grafismos tradicionais e colagens de objetos encontrados com tecnologia digital para criar sofisticadas imagens de bicicletas. Pensar com meios diferentes para inventar e fundir diversos processos materiais ajuda a criar novos contextos para o conhecimento e aumenta as habilidades conceituais e criativas. O *scanner* atuou como intermediário entre o sistema analógico dos objetos encontrados e o domínio digital. Atravessar esse limite fundiu os sentidos das crianças com os mundos digital e virtual.

Quando diversas formas de mídia estabelecem interfaces entre si, elas podem levar os espectadores a muitos lugares novos. As ferramentas digitais permitiram novas possibilidades, como quando as colagens digitais foram redimensionadas para um tamanho maior, impressas e instaladas na passagem subterrânea da estação de trem. Colagens digitais feitas de pequenos materiais foram transformadas em uma instalação para um local específico. Para os espectadores, tornou-se um encontro inesperado com muitas bicicletas que os desafiavam a considerar novos pontos de vista, diferentes abordagens criativas e novas linguagens visuais. As formas digitais, utilizadas em conjunto com formas de arte tradicionais, podem servir de catalisadores para a criação de novas linguagens visuais. Nas mãos de alunos pequenos, as formas digitais podem ser usadas para expressar desejos, conhecimentos e novas formas de sentido. O projeto das bicicletas de Reggio Emilia representa um intercâmbio inovador entre as fronteiras dos mundos tradicional e tecnológico.

INVENTANDO LINGUAGENS

Os processos criativos que ocorrem quando os materiais são transformados em idiomas são sutis, complexos e resistem à descrição definitiva. As escolhas estéticas que dependem dos desejos do indivíduo que as faz geralmente têm preferência no trabalho. O processo começa quando a pessoa se familiariza com os materiais e faz as primeiras tentativas. O material geralmente resiste, e o autor da escolha deve encontrar a força para fazer o trabalho avançar. A imaginação está envolvida, enquanto as mãos realizam o trabalho. Em algum momento, o trabalho começa a assumir forma física; isso pode acontecer instantaneamente ou muito devagar. Às vezes, as ideias só surgem depois que o material é manipulado por algum tempo. À medida que o material começa a tomar forma, cresce uma imagem mental. O conhecimento sobre o público objetivo pode definir ainda mais o trabalho. Mais uma vez, não há caminhos prescritivos no processo criativo.

Os materiais só podem se tornar linguagens inventivas por meio de um conjunto dinâmico de relações. As linguagens expressivas nascem das relações das crianças, dos seus conhecimentos e de seus mundos imaginativos com as ferramentas e os materiais que elas têm disponíveis para uso. Essa atitude é diferente de uma que seja prescritiva ou ofereça conjuntos de símbolos ou categorias mecânicas. Às vezes, os adultos são obrigados a criar conexões para crianças, a fornecer modelos superficiais ou a prescrever categorias rígidas de sentido. Quando se envolvem com esses tipos de intervenções, os adultos eliminam a força e o potencial do trabalho das crianças.

Os educadores têm a capacidade de dar aos alunos a liberdade para trabalhar com materiais de forma a promover a construção de pensamento gerador ou de processos autênticos de produção de sentido. Podem-se estruturar contextos para aprender com materiais, para que os alunos sejam incentivados a ir além do comum e a desenvolver um sentido de sua própria expressividade. As crianças são hábeis aprendizes, e, em suas mãos, os materiais possuem capacidades únicas para construir e portar sentido e para ativar muitos processos de aprendizagem.

REFERÊNCIAS

FORMAN, G. Different media, different languages. In: KATZ, L. G.; CESARONE, B. (Eds.). *Reflections on the Reggio Emilia approach.* Urbana: ERIC/EECE, 1994. p. 37-46.

GANDINI, L. From the beginning of the atelier to materials as languages: conversations from Reggio Emilia. In: GANDINI, L. et al. (Eds.). *In the spirit of the studio: learning from the atelier of Reggio Emilia.* New York: Teachers College, 2005. p. 6-15.

GOODMAN, N. *Languages of art: an approach to a theory of symbols.* 2. ed. Indianapolis: Hackett, 1976.

PIAZZA, G.; GIACOPINI, B. E. *Bicitante: the project.* Reggio Emilia: Reggio Children, 2012.

7

O ambiente e os materiais do ateliê

Charles Schwall

O ateliê da St. Michael School of Clayton, em St. Louis, foi criado em 1994 com o intuito de oferecer a crianças e professores um espaço para ampliar e apoiar projetos e experiências de sala referência e para explorar e combinar vários tipos de materiais, instrumentos e técnicas. Fui contratado como atelierista na instituição no outono de 1993, e, desde então, nossa visão sobre o papel do ateliê continua crescendo e se desenvolvendo. Mesmo depois de anos de trabalho, é como se o potencial do ateliê permanecesse bastante intocado, como uma mina em uma terra que contém vastos recursos ainda a ser descobertos. Por intermédio de nossos esforços para revelar o potencial pedagógico do ambiente, aprendemos que a mudança duradoura se mantém pelo aperfeiçoamento constante das nossas ideias e do nosso modo de usar esse espaço.

Os gestos da vida diária, se considerados como inexoravelmente conectados a um espaço, têm potencial para criar, renovar e rejuvenescer os locais em que vivemos. Em *Arte como experiência*, John Dewey (1934) escreve sobre as relações entre os acontecimentos cotidianos e os objetos tangíveis produzidos pelas culturas. Ele usa a metáfora do pico de uma montanha para enfatizar as inseparáveis conexões entre os produtos de uma cultura e as experiências diárias das pessoas. Em sua metáfora, o pico da montanha representa os produtos ou artefatos de uma cultura, ao passo que a montanha abaixo representa os acontecimentos da vida cotidiana. Segundo Dewey, os picos das montanhas não flutuam no ar, nem repousam sobre a terra; eles *são* a terra, em uma de suas operações manifestas (DEWEY, 1934, p. 3).

Todos os dias, nosso ateliê auxilia em muitas experiências e projetos em andamento que revigoram as vidas de crianças e professores. Aprendemos a desacelerar e deixar que os acontecimentos e as situações influenciem a maneira em que os nossos espaços são usados, incluindo o ateliê. Quando habitam em um espaço, as crianças apropriam-se dele, o vivenciam e encontram seu lugar dentro dele. As conexões que acontecem entre tempo e espaço ocorrem por meio dos ritmos da vida cotidiana, das conexões com acontecimentos passados e das novas experiências que apontam para o futuro. Buscamos habitar nossos espaços de maneiras voltadas à variação e à diferença em nossas rotinas, em vez de repeti-las automaticamente.

Crianças e adultos recriam o ateliê a cada dia, à medida que encontramos, juntos, o sentido desse lugar.

MATERIAIS, COMUNICAÇÃO E PESQUISA

O ateliê é uma oficina para as ideias das crianças, que se manifestam no uso de muitos materiais. O estilo de trabalho que adotamos é usar os materiais como linguagens. Nessa visão, os materiais são veículos para expressar e comunicar e fazem parte do tecido das experiências e dos processos de aprendizagem das crianças, em vez de serem produtos separados. As crianças apresentam uma receptividade inata às possibilidades que os materiais oferecem e interagem com eles para produzir sentido e estabelecer relações, explorar e se comunicar.

As maneiras como as crianças inventam com os materiais costumam ser inesperadas e surpreendentes; assim, é importante que os adultos que trabalham com crianças adotem uma postura de liberdade e uma abertura para as possibilidades ilimitadas em relação ao trabalho delas. O ambiente do ateliê pode facilitar novos entendimentos sobre os processos cognitivos e expressivos das crianças. Os produtos que elas criam também podem ser bastante úteis para revelar o seu conhecimento. Em nossa escola, os professores e eu muitas vezes comentamos e interpretamos o trabalho das crianças e o usamos para encontrar novas maneiras de contribuir para a sua aprendizagem. As palavras frequentemente não são suficientes. É muito importante que os adultos considerem os objetos que as crianças produziram para que possamos conversar, compartilhar e procurar novas estratégias juntos. Os produtos que as crianças criaram podem nos ajudar a fazer essas novas escolhas. Em alguns aspectos, o ateliê diz respeito, acima de tudo, à comunicação, pois os artefatos da aprendizagem das crianças nos possibilitam compartilhar aquilo que aprendemos com outras pessoas. Tudo isso devolve aos professores um sentido renovado sobre o seu papel e fortalece a escola.

Em Reggio Emilia, os educadores oferecem muitos exemplos instigantes e enfatizam que o seu trabalho não é uma receita de bolo. O uso sofisticado do ambiente e dos materiais nas escolas da cidade é resultado de muitos anos de observação, documentação e interpretação conjuntas. Loris Malaguzzi enfatizou que não existe resposta ou interpretação certa. Será que aqueles que vivem em outras culturas podem adotar posturas semelhantes? Os processos de pesquisa podem nos ajudar a encontrar respostas sobre nossos próprios ambientes escolares e a trabalhar com materiais? As interpretações de Reggio Emilia são muito valiosas, mas, essencialmente, devemos produzir o nosso próprio sentido com as crianças da nossa cultura.

A IMPORTÂNCIA DOS RELACIONAMENTOS

O ateliê da St. Michael School surgiu e evoluiu a partir de uma rede distinta de relações e sistemas de apoio. Quando fui contratado, no outono de 1993, a escola não tinha um ateliê. Ashley Cadwell, o diretor da nossa escola, acabara de retornar de um ano em Reggio Emilia com sua família. Ele havia morado lá enquanto sua esposa Louise fazia estágios na

Diana School e na La Villeta School (CADWELL, 1997). Quando se tornou administrador principal, em 1992, Ashley deu início a muitas mudanças para promover e desenvolver os valores e fundamentos da abordagem de Reggio Emilia em nossa escola. A opção por criar um ateliê na pré-escola foi uma das muitas decisões tomadas naquela época.

A formação dos professores também contribuiu para o nosso contexto singular. Tenho formação em artes e um compromisso pessoal de trabalhar como pintor. Comecei minha carreira no início da década de 1990, lecionando desenho e pintura para adultos em faculdades de St. Louis. Os professores de educação infantil da St. Michael School vêm de experiências de ensino diversas, com ricos históricos em aprendizagem experiencial e práticas apropriadas em termos de desenvolvimento. Meu trabalho com eles começou antes que as ideias de Reggio influenciassem a nossa escola diretamente. Antes de me tornar atelierista, lecionei por dois anos como professor contratado em tempo parcial na escola. Durante esse período, estabeleci relações importantes com os professores, as quais, mais adiante, tornaram-se as bases para a nossa cooperação na abordagem de Reggio Emilia.

Nosso corpo docente também construiu relações com professores de outras escolas de St. Louis que estavam interessados na abordagem de Reggio Emilia. A St. Louis Collaborative era uma organização cooperativa, formada pela St. Michael School, da Clayton's Family Center, pelo College School, da Webster Groves, e pela Webster University. Iniciado no começo da década de 1990 com uma verba da Danforth Foundation, o coletivo promove o estudo sobre o trabalho de Reggio Emilia, bem como pesquisas em nossas próprias escolas. Fazemos reuniões regulares, nas quais os professores compartilham o trabalho atual de suas turmas e incentivam o crescimento uns dos outros. Com o passar dos anos, à medida que ocorriam transformações em cada uma das nossas escolas, os professores inspiraram-se e incentivaram-se mutuamente.

O coletivo também teve o privilégio de contar com Amelia Gambetti, professora com 25 anos de trabalho em Reggio Emilia e consultora escolar para a Reggio Children, que trabalhou conosco por períodos curtos e intensos ao longo da década de 1990. A paixão, o conhecimento e a energia que ela trouxe para o trabalho em nossa escola eram inestimáveis. Ela nos provocou de maneiras que jamais consideraríamos possíveis e nos ensinou a ver o ambiente com um olhar crítico e incluir as crianças à medida que fazíamos mudanças nas salas. Da convivência com Amelia, adotamos práticas rigorosas. Ela nos incentivou a "fingir que éramos visitantes em nossas próprias salas", a fim de enxergar novas possibilidades e encontrar soluções criativas. Foi essa postura que nos deu a coragem necessária para fazer muitas mudanças em nosso ambiente escolar. Quando começou a trabalhar conosco, Amelia disse que havia encontrado um "terreno fértil".

TRANSFORMANDO O NOSSO AMBIENTE

Nosso ambiente pré-escolar está localizado no porão de uma igreja. Quando começamos a considerar o ambiente, compreendemos que nossas salas no porão eram diferentes de qualquer coisa que encontraríamos em Reggio Emilia, e a possibilidade de criar um ateliê pareceu ainda mais distante. O fato de a aparência do nosso porão ser muito diferente das salas de Reggio Emilia nos fez pensar mais profundamente sobre como os valores de Reggio poderiam se enraizar aqui. No começo da nossa jornada com o ambiente escolar, não tínhamos certeza de como nossos esforços evoluiriam. O nosso ateliê, de certo modo, é resultado da sobreposição de elementos aparentemente desconectados: uma pré-escola localizada no porão de uma igreja e o desejo de adotar as ideias fundamentais da abordagem de Reggio Emilia. A união desses elementos transformou a nossa situação em algo novo.

Fazer mudanças no ambiente da pré-escola foi uma das primeiras estratégias que os educadores da nossa escola decidiram começar a explorar os valores de Reggio Emilia. Eu acho que isso ocorreu porque o ambiente escolar é bastante palpável e pode ser melhorado por meio de reuniões, com a criação de listas e a execução de planos. Nossas primeiras tentativas de mudar foram simples. Começamos olhando cuidadosamente as imagens de ambientes em Reggio Emilia e aprendemos a nos tornar observadores críticos de nossas próprias salas. Alguns dos nossos professores haviam visitado Reggio Emilia em uma viagem de estudos e fizeram relatos sobre lindas salas repletas de materiais interessantes e envolventes. Em cada área das nossas salas, perguntamos uns aos outros o que funcionava e quais eram as dificuldades e, então, imaginamos novas possibilidades. Esses encontros muitas vezes levavam a limpezas, pinturas e mudanças na mobília, resultando em salas mais bonitas e funcionais. Essas pequenas melhoras nos davam satisfação genuína e confirmavam nossas visões sobre o valor da mudança.

Nossos primeiros passos na direção certa nos deram confiança para sonhar com intenções maiores. Questionamos se uma parte da nossa pré-escola de porão não poderia ser transformada em um ateliê. Inspiramo-nos na experiência de Louise Cadwell na College School, onde ela e seus colegas transformaram uma sala da sua pré-escola em um lindo e dinâmico ateliê (CADWELL, 1997). Enquanto considerávamos cuidadosamente todo o nosso ambiente pré-escolar, parecia que uma área localizada entre duas salas referência tinha potencial para se tornar um ateliê. Era um espaço pequeno, de aproximadamente três por oito metros, sem janelas e com pouca iluminação, porém sua proximidade com as salas da pré-escola era uma promessa de espaço mais conectado. Os professores chamavam esse espaço de "área úmida", pois nele estavam as duas únicas pias da pré-escola. Embora fosse usado regularmente por crianças e professores, era desorganizado e cheio de entulho. Mesmo que muitas pessoas usassem o espaço, ninguém se responsabilizava por mantê-lo. À medida que tirávamos caixas de materiais e equipamentos velhos que haviam se acumulado, o espaço começou a se abrir, porém, embora estivesse no centro do ambiente da pré-escola, ainda parecia isolado e separado. Era evidente que precisávamos fazer mudanças estruturais (ver Figura 7.1).

Ashley Cadwell trabalhou com um dos pais, arquiteto, para projetar um ateliê que incorporasse valores inspirados em Reggio. Eles fizeram uma planta, na qual planejaram remover a parede que sepa-

FIGURA 7.1 O espaço designado para se tornar o ateliê em 1993.

rava o ateliê e a sala adjacente, que tinha janelas grandes. As janelas nessa posição criariam conexões visuais entre as duas salas e refletiriam valores de abertura e reciprocidade (ver Figura 7.2). Um pai que tinha uma empresa de carpintaria foi contratado para construir o projeto. No final de 1994, o ateliê estava finalizado, surgindo, então, um espaço aberto, amplo e convidativo (ver Figura 7.3).

Uma turnê pelo nosso ateliê

Nosso ateliê é formado por muitos elementos, cada um com identidade, propósito e possibilidades únicos. É uma sinfonia de partes individuais equilibradas para criar um todo que seja diversificado e estimulante, mas também amigável e harmonioso; um lugar multissensorial que convide a interações ao envolver a mente, as mãos, a imaginação e os sentidos. É um ambiente que oferece às crianças materiais, instrumentos e técnicas de qualidade, que se traduzem em muitas possibilidades para experiências. Acreditamos que esses elementos do ambiente conferem dignidade e respeito às experiências das crianças e desempenham um papel crucial em sua educação. Muitos desses elementos são visíveis no momento em que se entra no ateliê, destacando-se como partes valiosas do ambiente. O inventário de materiais e linguagens disponíveis em nosso ateliê está sempre mudando e evoluindo, nunca sendo estático. De modo contínuo, os professores e eu atualizamos os

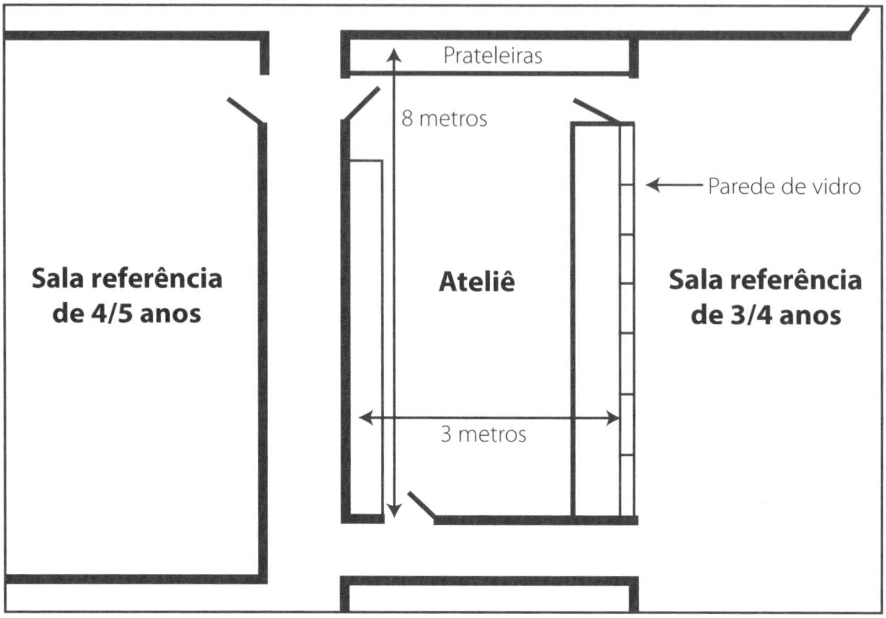

FIGURA 7.2 Planta do ambiente da pré-escola.

FIGURA 7.3 O ateliê da St. Michael School, em 1996.

materiais, as ferramentas e a organização com base nas necessidades e nos desejos de cada turma. Regularmente, fazemos listas do que usamos no passado, bem como de materiais que queremos experimentar. Esse processo nos ajuda a avaliar e a considerar os muitos papéis que os materiais desempenham em nossa escola, agora e no futuro.

Um inventário de materiais e coleções

Uma estante de metal, localizada no centro do ateliê, define o espaço. Ela está cheia de muitos tipos de materiais interessantes em potes abertos, cestas e bandejas (ver Figura 7.4). Essas coleções, como as de flores, palitos, conchas, folhas, tiras de papel dobradas e pequenos objetos de madeira e metal, contrastam-se e complementam-se, variando bastante de tempos em tempos, dependendo do foco do trabalho. Na prateleira de baixo da estante, uma cesta contém muitos tipos de fios, como arame, fio de cobre fino e cabos de telefone ou computador.

Ela também contém objetos pequenos, como miçangas e pequenas porcas e parafusos, e materiais para retorcer, como papel alumínio e telas. Apresentados dessa maneira interessante e convidativa, os materiais transmitem uma mensagem de complexidade, conexão e abertura. Os potes abertos e transparentes dizem às crianças que os materiais estão ali para elas os utilizarem.

As crianças fazem muitos dos materiais encontrados nessa prateleira. Uma pequena cesta de bonecos de papel, feita recentemente pelas crianças da educação infantil, ocupa um lugar de destaque.

FIGURA 7.4 Uma prateleira de coleções de materiais define o ateliê.

Algumas crianças ficaram fascinadas ao desenhar pessoas, recortá-las e dobrar o papel, de modo que os bonecos pudessem ficar de pé. Elas decidiram compartilhar suas "pessoas de papel", colocando-as na prateleira para outras crianças usarem em suas brincadeiras. Quando passaram para o 1º ano, essas crianças decidiram deixar suas pessoas de papel como um presente para as novas crianças que logo usariam o ateliê. É esse tipo de gesto que contribui para a cultura do lugar.

Os conjuntos de materiais em outras áreas do ateliê convidam as crianças a explorar. Uma prateleira, localizada perto da grande mesa de trabalho, está cheia de instrumentos para representação gráfica, como canetinhas de tipos variados, canetas, lápis duros e macios, diversos tamanhos de giz, pastéis a óleo, lápis coloridos e vários tipos de canetinhas pretas. Abaixo da prateleira de desenho, existem muitos tipos de papel, incluindo papel branco de desenho em gramaturas e tamanhos variados, que costumam ser usados para desenhar ou pintar.

Outra prateleira próxima apresenta instrumentos de cerâmica, raspadores e outros materiais para modelagem com argila. Também há na prateleira uma pilha de pequenas tábuas de compensado ou eucatex, cobertas com tela. Elas são excelentes superfícies de trabalho para as crianças, pois a argila úmida não gruda nelas, além de proporcionarem uma boa base para carregar ou apresentar o trabalho acabado.

Diversos teares são oferecidos para tecelagem, uns grandes e outros pequenos, feitos de palitos, arame e papelão. Grandes teares de madeira possibilitam que duas ou três crianças trabalhem de cada vez. Potes com pedaços de tecido, fios e papel cortado em tiras atraem as crianças a experimentar com eles. Houve um ano em que uma mãe e eu nos interessamos em trabalhar em tecelagem com as crianças. Ela tinha formação em artes têxteis e conhecia muitas tecelãs de um grupo local. A arte com fibras era nova para mim, mas aprendi mais sobre participando de uma oficina no St. Louis Art Museum. Essa experiência enriqueceu a minha visão e me ensinou muitas novas ideias e técnicas para tecer com as crianças.

Cavaletes inspirados em Reggio Emilia

Um cavalete fica ao lado da estante de materiais. Em minha primeira visita a Reggio, os lindos cavaletes que vi em muitos dos ateliês e miniateliês me cativaram. Eles eram muito maiores do que os cavaletes que temos nos Estados Unidos e tinham superfícies de trabalho que poderiam acomodar papéis de tamanhos diferentes. Ao voltar a St. Louis, trabalhei em um modelo de cavalete inspirado no que vi em Reggio. O pai de uma das crianças da nossa escola era marceneiro profissional e doou seu tempo, sua energia e seus lindos pedaços de cerejeira para o projeto. Trabalhamos com vários outros pais para construir três cavaletes para a escola. Os resultados de nossos esforços mais parecem móveis e são bastante diferentes dos cavaletes comprados em catálogos. Os nossos têm 64 cm de largura e 122 cm de altura, ou seja, são grandes o suficiente para acomodar um pedaço de papel de 61 por 91 cm. A bandeja onde se colocam os potes de tinta é baixa, em torno de 36 cm do chão. Esse modelo funciona bem para a altura da maioria das crianças pequenas, além de proporcionar uma superfície de trabalho maior (ver Figura 7.5).

Perto dos cavaletes, vários potes de tinta são armazenados em um carrinho com rodas, o qual fica guardado sob uma estante. Esse carrinho de tinta, feito também por um dos pais, tem rodinhas e pode ser facilmente empurrado para qualquer lugar da pré-escola. A parte de cima é aberta, para guardar potes de tinta, ao passo que as latas maiores ficam na prateleira de baixo. Mantemos esse carrinho bem estocado com uma ampla variedade de matizes e tons de cores. Pincéis de diversos tamanhos, tipos de cerdas e variedades são armazenados em uma prateleira perto do cavalete. Alguns são grandes, redondos ou chatos, grossos para revestimentos e finos para trabalhos mais detalhados. Geralmente, coloco potes com pincéis perto do cavalete quando as crianças estão pintando, para que elas possam escolher os que querem usar. As crianças ajudam a repor as cores que se encontram no carrinho de tintas. Quando os potes de tinta estão vazios ou as cores se desgastam, convidamos grupos de crianças a misturar novas tintas em potes vazios e limpos. Essa experiência sempre tem vida própria; as crianças se deliciam no processo de misturar uma cor na outra e se apropriam das decisões sobre quais cores serão oferecidas para todos usarem.

Memórias de argila

No processo de revisitar a documentação de experiências passadas, retornamos à nossa própria história para usá-la de modo a rejuvenescer o presente. Na pa-

FIGURA 7.5 Cavaletes inspirados em Reggio Emilia.

rede do ateliê, dois painéis servem como memórias de experiências fundamentais com argila. O primeiro, intitulado "Fazendo um boneco com argila", fica na parede ao lado da grande mesa de trabalho, em um local de fácil visualização. Esse painel conta a história de como um menino construiu um boneco de ação com argila, incluindo suas dificuldades, os ajustes que fez durante o trabalho e a sua perseverança (ver Figura 7.6).

Durante o trabalho conosco, Amelia nos incentivou a "acompanhar" os processos de aprendizagem das crianças, documentando-os. Ela pediu que prestássemos atenção e anotássemos as sequências de eventos que ocorrem nas experiências de aprendizagem das crianças. O painel exposto no ateliê documenta as estratégias de construção de um menino enquanto trabalhava com argila. O painel foi inspirado em uma experiência feita por Vea Vecchi, atelierista da Diana School, de Reggio Emilia, e que foi incluída na mostra *The hundred languages of children*.

No outro lado do ateliê, prateleiras apresentam trabalhos com argila feitos pelas crianças (ver Figura 7.7), que não são apenas lindos e instigantes de olhar, mas despertam conversas detalhadas entre as crianças sobre como são feitos e o que representam.

Houve um ano em que nossa cultura de trabalho com argila tornou-se ainda mais rica quando um pai observou o interesse das crianças em fazer animais com argila. Devido à sua experiência administrando uma galeria de arte local, ele conhecia um

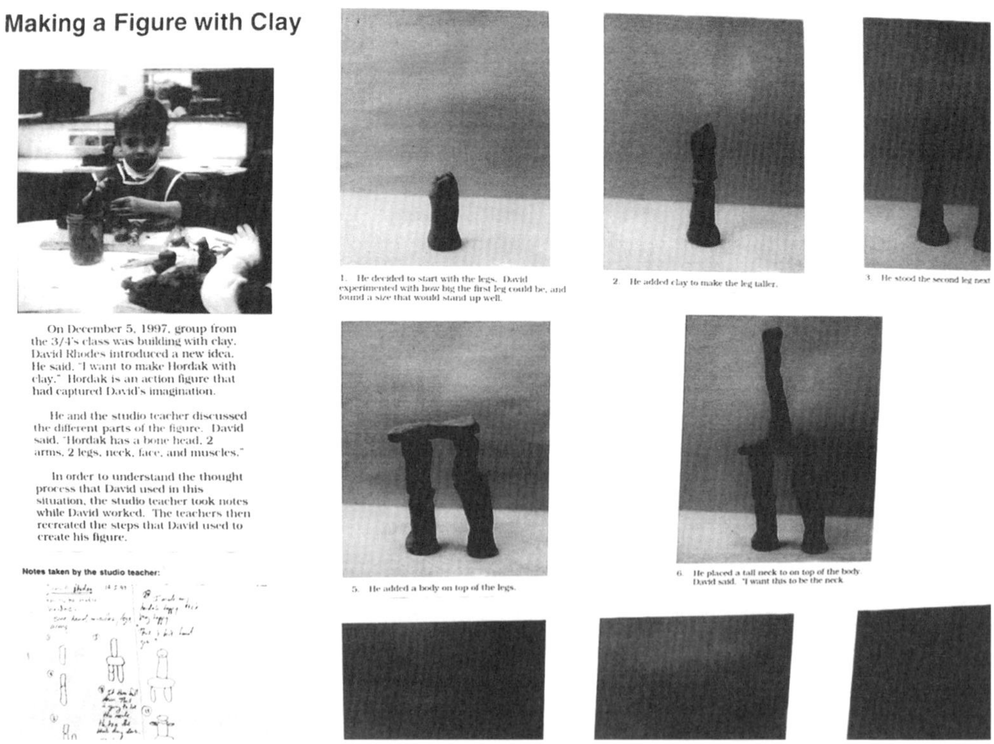

FIGURA 7.6 Painel do ateliê documenta estratégias de construção com argila.

FIGURA 7.7 Memórias de argila.

ceramista de renome internacional e providenciou para que esse artista visitasse a nossa escola. Durante uma manhã no ateliê, o artista fez uma demonstração e conversou com as crianças sobre técnicas do trabalho de construção com argila. Alguns traços dessa experiência permanecem no espaço do ateliê, nas figuras que ele fez e em um painel que conta essa história. Anos depois desse dia memorável, as crianças ainda falam da visita dele com frequência. Os artefatos feitos por elas podem facilmente permanecer isolados e não tocar outras partes de nossas vidas na escola. Todavia, nosso trabalho de documentação de experiências nos levou mais além. O processo de tornar a aprendizagem visível por meio de documentação, dedicando tempo para revisitá-la, nos recompensou ao amparar os processos de aprendizagem continuada das crianças.

A presença da tecnologia

A tecnologia tem uma presença significativa no ateliê: um computador, com *software* gráfico e de diagramação de páginas, um *scanner* e uma impressora tornaram-se ferramentas essenciais para o nosso estilo de trabalho. Os professores usam a tecnologia diariamente para processar vários documentos, como conversas das crianças, cartas aos pais, fotografias tiradas com câmeras digitais ou documentação que será colocada na escola. O ateliê é um espaço que pode ajudar na produção da documentação, assim como incita a criar novas formas, como vídeo, tipos variados de livros e outros meios digitais. Sabemos que estamos no início dessa jornada e estamos tentando dar alguns passos a cada ano que passa.

As crianças também usam a tecnologia de maneiras poderosas no ateliê, e as formas digitais podem ser entretecidas com os meios tradicionais. Muitas vezes, em nossa escola, os jovens alunos usam meios digitais como ferramentas para contar histórias. As narrativas criadas pelos estudantes que consistem em textos e ilustrações podem ser facilmente importadas para o computador como rascunhos de trabalho. As crianças podem usar os rascunhos digitais dos seus trabalhos para revisão, edição e publicação. Do ponto de vista dos professores, começar com algo familiar, como a contação de histórias, e tentar ampliá-la por meio da tecnologia digital é uma estratégia eficaz.

O FLOCO DE NEVE MÁGICO: LINGUAGENS QUE SE SOBREPÕEM

Uma manhã no ateliê

O projeto *Luz solar e reflexo*, que ocorreu durante o ano letivo de 2002 a 2003 e é narrado no Capítulo 10, influenciou de muitas maneiras a cultura da nossa pré-escola. Por exemplo, ele levou Frances Roland e Christina Adreon, as professoras que trabalhavam com a turma de 4 e 5 anos naquele ano, a questionarem maneiras em que a luz poderia ser um material dotado de sentido para as crianças. Ao formarem hipóteses iniciais, suas questões giravam em torno de revelar o potencial que as fontes artificiais de luz ofereciam às crianças. Elas organizaram novas situações em torno do uso do retroprojetor, a fim de explorar e descobrir a luz. Houve contatos iniciais com o projetor, que foi colocado na área dos blocos para incentivar as crianças a investigar as sombras em relação a construções e usado para projetar luz em uma grande tela de sombras, que podia ser integrada com as experiências com dramatização teatral.

Após várias semanas explorando o projetor de luz na sala referência, ele foi levado ao ateliê, na esperança de que promovesse essas intenções, além de proporcionar oportunidades para novas conexões. Depois de conversar com as professoras, preparei o ambiente do ateliê, colocando os dois cavaletes lado a lado em um canto da sala. O projetor ficava no outro lado, de modo que a luz incidisse sobre os cavaletes.

Nessa manhã específica, quatro crianças – Noah, Schroedter, Jack e Madeleine – vieram ao ateliê para explorar o projetor de luz em seu novo contexto. Sentamos juntos no chão e pedi para me lembrarem de algumas das maneiras em que haviam usado o projetor na sala. Cada uma delas contou vários de seus cenários favoritos e algumas descreveram em detalhes como o projetor funcionava. As crianças e eu conversamos sobre como o projetor estava montado para lançar a luz sobre os cavaletes. Elas compreendiam muito bem que objetos pequenos colocados no projetor seriam ampliados, pois haviam experimentado isso na sala e estavam ansiosas para fazer de novo.

Depois da nossa conversa, convidei as crianças para fazermos uma caça ao tesouro pelo ateliê, procurando objetos para colocar no projetor. Elas encontraram muitos objetos pequenos para experimentar, como miçangas, conchas, formas geométricas de plástico, uma colher e uma tesoura. As crianças ficavam animadas ao observar os efeitos de cada objeto à medida que os colocavam sobre o projetor.

A experiência foi dinâmica, com bastante movimento. As crianças mexiam o corpo na frente e fora da luz para criar efeitos diferentes, e os objetos muitas vezes eram projetados sobre suas roupas. Também colocavam as mãos sobre o projetor e assistiam com êxtase enquanto elas eram ampliadas sobre a parede. "As minhas coisas estão ficando grandes!", exclamou Jack.

Madeleine caminhava pela sala e continuava procurando novos objetos. Em um dado momento, ela descobriu uma toalhinha de papel redonda sobre uma prateleira, a qual instantaneamente lhe pareceu preciosa. Ela passava os dedos cuidadosamente sobre o papel macio para sentir a textura de seu desenho intrigante. Depois, levou a toalhinha para o projetor e a colocou sobre o tampo de vidro. Imediatamente, um grande e intricado desenho de luz apareceu nos cavaletes. As crianças ficaram extasiadas. O efeito era de um grande círculo feito de muitas formas pequenas de luz. Madeleine ficou fascinada com a forma, foi ao cavalete e, cuidadosamente, tocou o complexo desenho de luz com os dedos. Depois de alguns minutos, ela disse que queria desenhar a linda forma.

Madeleine escolheu uma canetinha fina e começou a desenhar cuidadosamente o contorno de cada ponto de luz (ver Figura 7.8). Era bastante trabalho, e ela convidou os meninos para ajudarem a desenhar a forma. Quando terminaram de trabalhar em todos os pontinhos dentro do círculo, eles desenharam a linha ao redor para completar a forma.

FIGURA 7.8 Traçando a linda forma.

Eu não tinha certeza do que aconteceria depois, quando Madeleine disse: "Eu quero colorir as formas com cores vivas". Os meninos adoraram a ideia e concordaram, ansiosos. Pensei por um minuto e sugeri que usassem têmpera. As crianças e eu pegamos o carrinho de tintas. As tintas haviam sido misturadas pouco tempo antes, e havia uma ampla variedade de cores para escolher. Como quatro crianças trabalhariam ao mesmo tempo, propus que colocassem o desenho na mesa grande, no centro do ateliê. Madeleine sugeriu que o círculo fosse recortado com a tesoura antes de eles começarem a pintar. Ela escolheu uma tesoura da prateleira e o recortou cuidadosamente. As crianças selecionaram as cores de tinta e pequenos pincéis e começaram a preencher cada forma com cuidado (ver Figura 7.9). Enquanto trabalhavam juntas, começaram a falar sobre seus pensamentos e ideias. Jack disse: "Eu acho que é um floco de neve. É o floco de neve em que a Rainha da Neve voa", referindo-se à história de Hans Christian Andersen, que as crianças haviam assistido recentemente em um cinema local.

"É um floco de neve mágico!", acrescentou Madeleine.

Jack confirmou seu comentário, dizendo: "Eu também acho".

Madeleine continuou a desenvolver sua ideia: "É um floco de neve mágico que pode se transformar em qualquer coisa. Se você jogar no ar, seus desejos cairão do sol!".

FIGURA 7.9 As crianças escolhem as cores e pintam as formas cuidadosamente.

"É mesmo! É um floco de neve que dá tudo que você imaginar. Como chicletes e balas!", acrescentou Schroedter.

"É verdade, ele vai chegar ao sol e tudo que você quiser vai ser verdade!", exclamou Noah.

Olhando as cores vivas da pintura, Jack disse: "Eu queria que o floco de neve me desse bala!". Ele apontou para as diversas cores e disse: "Esta é morango, esta é limão, ou pode ser laranja".

Madeleine acrescentou: "Eu acho que eu quero tangerina".

Um ambiente que favorece a criatividade

Ao final da manhã, depois que o grupo terminou de pintar, Madeleine sentou-se em silêncio à mesa e olhou o floco de neve mágico. Os meninos foram ao computador, trabalhar em desenhos que haviam começado antes. Madeleine me disse que achava que o floco de neve precisava de mais uma coisa: ela precisava desenhar uma flor no meio. Perguntamos aos meninos o que eles achavam, eles concordaram e Madeleine se prontificou a terminar o desenho. Ela escolheu algumas canetinhas da prateleira de desenho e concluiu o floco de neve mágico, desenhando uma flor delicada e cheia de pétalas no centro (ver Figura 7.10). Mais adiante, quando perguntei a Madeleine por que ela havia acrescentado a flor, ela respondeu: "Eu acho que parece um floco de neve e uma flor. Eu quero jogar no ar quando chegar o verão". Então, ela apontou para pequenas flores no desenho da toalhinha e disse: "Esta aqui tem flores".

Quando as crianças terminaram de trabalhar, ocorreu-me que esse pequeno episódio, que começou explorando o

FIGURA 7.10 Concluindo o floco de neve mágico.

projetor, havia evoluído e se transformado em um acontecimento cooperativo no qual se usaram áreas diferentes do ateliê e diversos materiais para favorecer as ideias. A descoberta da toalhinha por Madeleine havia revigorado a experiência de todos de brincar com a luz e a transformado em outras formas. Depois que as sombras da toalhinha foram ampliadas e desenhadas, ela se tornou um catalisador acessível ao pensamento de todas as crianças. À medida que trabalhavam, as crianças continuavam desenvolvendo suas ideias na relação umas com as outras e com os materiais conhecidos nas diferentes áreas do ateliê, com um sentido de apropriação. Elas combinaram o precioso objeto com luz, desenho e pintura. Ao trabalhar em conjunto, as crianças faziam conexões com contação de histórias ao comparar a imagem redonda da toalhinha com o floco de neve gigante da história "A rainha da neve", de Hans Christian Andersen. A experiência com o projetor de luz não fora um fim em si, mas uma experiência imaginativa criada conjuntamente, que transgrediu o uso de diversos materiais. O rico ambiente de seu ateliê havia promovido essa experiência (ver Figura 7.11).

Loris Malaguzzi (2012) disse que as crianças são as melhores avaliadoras e as juízas mais sensíveis dos valores e da utilidade da criatividade. Ele aprofundou essa ideia, explicando que elas analisam e mudam seus pontos de vista com facilidade e que seus atos criativos advêm da vida diária e fazem parte dela. Ele também disse que "[...] a nossa tarefa, em termos de criatividade, é ajudar as crianças a escalar suas próprias montanhas, o mais alto possível [...]" (MALAGUZZI, 2012, p. 52). Da mesma forma com que John Dewey

FIGURA 7.11 Um ambiente que favorece a criatividade.

descreveu os picos das montanhas como parte da Terra, os nossos ambientes escolares e os materiais que oferecem às crianças diariamente fazem parte de suas experiências de aprendizagem. Quando o ateliê, assim como todos os demais ambientes da escola, são desenvolvidos e usados permanentemente, de forma intencional, eles transformam a nossa vida diária na escola em uma manifestação viva da riqueza do potencial das crianças.

REFERÊNCIAS

CADWELL, L. *Bringing Reggio Emilia home: an innovative approach to early childhood education*. New York: Teachers College, 1997.

DEWEY, J. *Art as experience*. New York: Penguin Putnam, 1934.

MALAGUZZI, L. History, ideas, and philosophy: an interview with Lella Gandini. In: EDWARDS, C.; GANDINI, L.; FORMAN, G. (Eds.). *The hundred languages of children: the Reggio Emilia experience in transformation*. 3. ed. Santa Barbara: Praeger, 2012. p. 27-72.

8

Geografia em transformação:

Reggio Emilia, memórias e lugar

Barbara Burrington

As primeiras histórias de que me lembro são as que minha mãe e meu pai contavam sobre suas experiências na Segunda Guerra Mundial. São histórias de dificuldades, de coragem e de esperança. Minha mãe deixou o Framingham State Teachers College em 3 de julho de 1945, para entrar para o Corpo de Fuzileiros Navais dos Estados Unidos, e, depois disso, foi professora, motorista de ônibus, agricultora, cozinheira e cabo. Meu pai, destinado a cultivar a terra do seu pai e de antepassados no Reino Nordeste de Vermont, estava determinado a "ajudar a libertar a Europa" e entrou para a marinha em 10 de maio de 1943. Ele se tornou navegador de um veículo anfíbio que transportava suprimentos e homens entre a Inglaterra e a França. Conheceu as praias da Normandia e trazia aquelas memórias vívidas e emoções profundas para a mesa do jantar. Juntos, com muita paixão e compaixão, meus pais presenteavam a mim e aos meus irmãos com histórias de determinação e heroísmo, narrativas desesperadas de saudade de casa e medo, mas, acima de tudo, histórias de enorme confiança.

Na minha primeira visita a Reggio Emilia, chorei. Na verdade, chorei duas vezes. Na primeira vez em que chorei, eu estava sentada na sala de reuniões da Martiri Di Sesso Centro Verde Preschool, ouvindo uma das fundadoras, uma corajosa senhora, contar a história deles, descrevendo uma força duradoura e uma poderosa vontade, que se tornou o forte alicerce da escola:

> Fundada em 1945, imediatamente após a Segunda Guerra Mundial, pela sessão do Italian Women's Union em Sesso, seu nome homenageia o sacrifício das 33 pessoas fuziladas durante represálias fascistas contra a população civil do povoado. (MARTIRI DI SESSO CENTRO VERDE PRESCHOOL, 2002, p. 9).

Naquele momento, o espírito e a vida do meu pai estavam personificados naquela pequena escola tão distante de East Burke, Vermont, e minha mãe também fazia parte dessa história. Todas eram narrativas de bravura, e todas as nossas histórias de vida estavam relacionadas. Meus olhos estavam molhados demais para esconder, e me apaixonei pelo lugar.

Mais tarde, chorei outra vez. Na mesma escola, entrei no ateliê e escutei o atelierista descrever calmamente o seu trabalho com as crianças. Tudo na sala era dotado de sentido: monstros de argila com membros desproporcionais, rostos pintados, tramas com tecidos e fitas, grama e folhas secas, livros artesanais com capas elaboradas, vasos de flores do campo, conjuntos de sementes e folhas, coisas feitas de cordão e costuradas com tecido, pessoas de argila em movimentos suspensos sobre uma mesa. De repente, meu corpo começou a tremer. No começo, apenas um pouquinho; depois, senti que desabava, com toda a força do pranto, e mal conseguia respirar. Minha amiga Lauren perguntou se estava tudo bem. Não me lembro do que respondi.

Refletindo agora, sei que é raro um lugar ter um sentido tão profundo a ponto de levar uma pessoa, por meio da sua memória e imaginação, a outros tempos. Eu me sentira tocada do mesmo modo quando revisitei a casa onde cresci e o cemitério onde estão enterrados meus avós, meu pai e meu irmão mais velho. Contudo, aquele foi o primeiro lugar vivo – para crianças e professores – que me tocou daquela maneira. Reconheci o quanto um determinado lugar pode ser especial, exagerado não em minha imaginação, mas pela realidade à minha frente. Naquele momento, eu olhava para um lugar que ultrapassava os meus sonhos. Eu soube, então, o que sei agora: que um ateliê é algo em que vale a pena pensar. No ateliê de Max, pude parar de romantizar sobre os ateliês de Reggio Emilia e começar a cultivar uma relação própria com a ideia de criar um lugar dedicado à expressão.

POR QUE UM ATELIÊ?

Em fevereiro de 1999, eu e meus colegas do Centro Infantil do *campus* da University of Vermont fizemos um desejo se tornar realidade. Arrecadamos dinheiro suficiente para participar de uma delegação que faria uma viagem de estudos às escolas de educação infantil em Reggio Emilia. Nossas experiências e observações criaram um espaço adequado para a autodescoberta, levando-nos, em uma semana, ao que nos parecia ser um processo acelerado de renovação pessoal e profissional.

De volta a casa, decidimos, coletivamente, com base em observações sobre nossas próprias crianças, que o nosso centro precisava de um espaço ou ateliê para crianças. Concordamos que esse espaço promoveria o nosso interesse em favorecer a fluência das crianças em múltiplas linguagens simbólicas, criaria um contexto para olhar profundamente ao que interessa às crianças e nos permitiria entender melhor seus processos de aprendizagem. Assim, começamos o lento processo de transformar a nossa sala dos professores em um "ateliê". O local onde antes promovíamos nossas discussões e fazíamos nossas refeições juntos ou simplesmente descansávamos se tornaria um ambiente com intencionalidade pedagógica, com novos propósitos.

Nosso centro tem oito professores e 40 crianças entre 6 semanas e 5 anos de idade. A cada ano, educamos aproximadamente 22 estudantes de graduação em educação infantil na sua primeira experiência de estágio. As discussões entre os professores eram repletas de grandes esperanças com relação ao ateliê e todas as diversas pessoas que o habitariam.

Os professores se sentiam protetores em relação ao espaço e queriam garantir que ele fosse criado e usado com atenção e propósito. Escrevemos uma declaração de nossa visão e a colocamos na porta. Além disso, criamos um diário para a nossa comunicação, no qual registraríamos as nossas questões e ideias em comum para mudanças no ambiente. A cada semana, dedicávamos algum tempo durante a reunião de equipe ao desenvolvimento da nossa prática no ateliê. Michelle, uma professora da creche, refletiu sobre a natureza cooperativa do espaço:

> Acho que um dos desafios que temos na sala é torná-la acessível para crianças de diferentes idades. Também é animador ter essa sala, onde as crianças podem fazer trocas e projetos com outros alunos da pré-escola ou com bebês maiores e menores da creche. É maravilhoso estar transcendendo os limites. Acho muito empolgante trabalhar como uma equipe inteira, juntos, nesse espaço único. Significa trabalhar para nos tornarmos melhores colaboradores, melhores pensadores, juntos. O processo nos ajudou a nos tornarmos mais parecidos com uma comunidade. Vamos inventar os nossos papéis juntos. Vamos precisar dedicar muito tempo a conversar a respeito, compartilhar as nossas experiências e ajudar uns aos outros a aprender e pensar juntos.

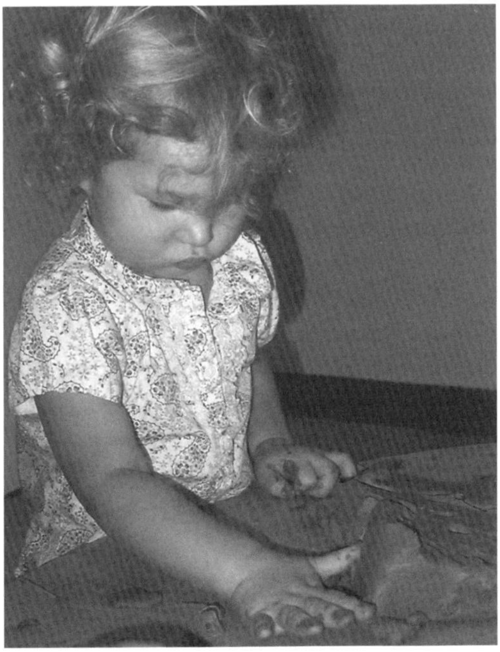

FIGURA 8.1 Madeleine, 2 anos e 6 meses, trabalhando com argila.

Em minha opinião, o ateliê não diz respeito apenas às artes, nem é algo além do trabalho que fazemos em sala. Ao contrário, é sobre as conexões entre a experiência de vida dos professores e a vida das crianças, em direção a um mundo com uma nova geografia.

Essa é uma geografia da imaginação. O território é definido por sensações sentidas dentro das crianças e por impressões indeléveis produzidas por cada contato com os materiais. A paisagem reflete memórias essenciais e duradouras, que as crianças levarão por toda a vida, das cores, da sensação das coisas, da aparência de algo – um espaço onde memórias são criadas profundamente dentro da criança, moldadas por meio de tudo que fazem ali. O ateliê é um lugar para aprender todos os tipos de técnicas e para pesquisa (ver Figura 8.1). "O espaço do ateliê não é um lugar isolado onde acontecem coisas artísticas; é um laboratório do pensamento" (TOPAL; GANDINI, 1999, p. 24). Amanda, professora da creche, refere-se ao ateliê como "nosso quartel-general sagrado de materiais". Marley, de 4 anos, disse: "É um lugar divertido. Não é tão Ahhhh! Barulhento, e dá para ficar mais calmo". Blair, também de 4 anos, acrescentou: "E tem tesouros".

DESENVOLVENDO O ATELIÊ COM REFLEXÃO

Como estávamos, nós mesmos, transformando o espaço em nosso tempo livre, com ajuda dos pais, o projeto naturalmente avançou de forma lenta. Isso foi positivo, pois criou tempo para considerarmos o melhor modo de organizar o espaço e como trabalhar nele. O processo de pintar paredes, construir prateleiras, reformar mesas e juntar potes para materiais levou meses. Éramos movidos por nossas esperanças com relação ao espaço, e cada esforço para organizá-lo e mobiliá-lo era necessário para desenvolver uma relação e uma compreensão sobre ele. Conforme descrito em *Beautiful stuff*, pedimos a todas as pessoas da comunidade – cada professor, aluno e familiar – para encontrar, vasculhar, guardar e contribuir com materiais. Nossa carta às famílias refletia os nossos valores:

> Conforme o nosso compromisso de promover o cuidado e o respeito pelo mundo natural, gostaríamos de usar o máximo possível de materiais naturais e reciclados. Esperamos que você e sua família se envolvam em uma caça ao tesouro permanente, a qual ajudará a fortalecer as conexões das crianças com o mundo natural e o espaço do ateliê. (TOPAL; GANDINI, 1999).

Ficamos encantados com a entusiástica resposta, e nossos primeiros contatos com os materiais duraram meses. Separar, categorizar e expor materiais e objetos encontrados e doados tornou-se nossa introdução à compreensão dos elementos importantes do espaço do ateliê. Esse espaço é dinâmico e muda com o tempo, com novos membros chegando a nossa comunidade docente e novas questões e interesses suscitados pelos diferentes grupos de crianças. Ao contrário dos ateliês que havíamos visitado em Reggio Emilia, os quais costumavam refletir as potencialidades e os estilos particulares do atelierista da escola, o nosso ateliê tornou-se uma declaração pessoal sobre um grupo de professores (ver Figura 8.2).

Compartilhamos o ateliê com nossos estagiários, então precisamos nos lembrar de que muitos jamais haviam tocado em argila ou aprendido a espalhar tinta. Muitos não tinham experiência em desenho, costura ou alfabetização visual em nenhum meio ou espaço. Todos lutamos, e ainda estamos lutando, para não ter medo de experimentar com materiais e meios.

Precisávamos de sistemas que promovessem o uso organizado do ateliê, além de situações espontâneas que nos exigissem visitá-lo. Tínhamos de ser responsáveis por deixar o espaço da maneira que queríamos encontrá-lo quando chegássemos com um grupo de crianças. Nossa visão compartilhada que surgia para o espaço e os nossos valores, práticas e posturas de pesquisa tornaram-se a base comum para enxergar o espaço como um lugar especial, até mesmo sagrado, e proporcionaram uma motivação comparti-

FIGURA 8.2 Duas visões do ateliê.

lhada para criar um lugar limpo e bonito para todos que nele entrassem. Não quero dizer que tenha sido fácil. Estou sugerindo que, talvez, a própria dificuldade tenha aumentado o seu valor, talvez tenha até nos dado esperança. Nesse caso, o otimismo é recíproco – do ateliê para nós, e vice-versa.

PRODUZINDO SENTIDO

Nossas primeiras observações sobre crianças explorando materiais no ateliê são repletas de casos em que elas levaram muito tempo para se familiarizar com as características e possibilidades dos diferentes materiais.

Nosso primeiro trabalho documental sobre o ateliê intitulava-se *Realizing our right to a sanctuary*. Ele nos conta um dos primeiros momentos na nossa história por meio de pensamentos e imagens de bebês e crianças da pré-escola. Essa documentação reflete o fato de que conseguimos criar um ambiente de paz para a nossa comunidade de educandos. Começa assim:

> O ateliê tornou-se parte da identidade compartilhada da nossa pequena escola. Promovemos, de forma ativa e reflexiva, a sua evolução continuada, e, por sua vez, o ateliê serve para inspirar o trabalho dedicado de crianças e professores.

Um documento posterior, chamado *Getting to know materials, ourselves, our world*, reflete os processos das crianças à medida que elas analisam os materiais detalhadamente. Nossas primeiras observações levaram a histórias mais complexas de encontros entre determinados materiais e as crianças da pré-escola. Documentamos as relações entre materiais que "brilhavam" e "pedras preciosas" e as narrativas pessoais das crianças sobre seus conceitos de "amor, beleza e família". Suas perguntas parecem girar continuamente em torno da sua própria observação atenta e da busca interior de entender "o que é o belo". Observamos repetidamente que as crianças enxergam, em primeiro lugar, a "beleza" inerente aos materiais (ver Figura 8.3).

Com o passar dos anos, os roteiros ficaram mais complexos, juntamente com

FIGURA 8.3 Oia, de 5 anos, desenha uma flor. Sua amiga Lucia comenta: "Quando você desenha algo que não se mexe, é natureza morta, mas quando você desenha pessoas, é natureza viva".

nossas competências individuais e coletivas em relação aos diferentes materiais.

Hoje, temos um histórico registrado de histórias, narrativas pessoais e reflexões contadas em muitas e muitas linguagens, com têmpera, aquarela e tintas acrílicas, colagem, marionetes, objetos costurados, estruturas de argila, máscaras e totens, esculturas em madeira, retratos em tons pastéis, teorias desenhadas a lápis, tinta, pincel atômico e óleo, fotografias tiradas pelas crianças e lindos papéis feitos à mão por crianças e professores (ver Figura 8.4).

Descobrimos um **ciclo de investigação**, que ressurge constantemente: um encontro entre crianças e materiais coincide com a sua imaginação ou interesse, é registrado por um professor ou guardado em um artefato e é contado novamente por crianças e professores, tornando-se uma provocação para buscar o encontro no futuro. É um ciclo contínuo de pousar e voar. Como os pássaros que pousam e saem voando, as crianças e os professores pesquisam o terreno e ascendem para obter uma nova perspectiva.

Os professores que visitam a nossa escola costumam perguntar: "De que modo vocês todos chegaram ao consenso sobre fazer um ateliê?", como se concordar fosse a parte mais difícil. Talvez tenha sido, mas apenas por um minuto. Cada dia apresenta novos dilemas. Nós os enfrentamos com diálogo, argumentos, bilhetes trocados entre nós, lendo

FIGURA 8.4 Intersectando paixões. Sean, 2 anos e 9 meses, com caminhões e tinta.

a documentação uns dos outros, escutando, observando as crianças e compartilhando as questões que elas e os professores buscam esclarecer. Nós os enfrentamos com o tipo de dignidade que é abençoado em um ateliê.

VOLTANDO NOSSOS OLHOS PARA O FUTURO

> A educação deve estar do lado do otimismo ou derreterá como um sorvete ao sol (comunicação pessoal).*

Após 11 de setembro de 2001, tivemos de ouvir as crianças e suas famílias com uma atenção ainda maior. Foi preciso refletir profundamente sobre a nossa comunidade e considerar como responderíamos à ansiedade e à tristeza ao nosso redor. Nossas próprias dúvidas e incertezas pioravam aquele momento tão difícil de crise. Durante os dias após o 11 de setembro, os alunos de graduação da University of Vermont que moravam nos dormitórios ao redor do nosso centro nos convidaram para trabalhar com eles em um mural. Os estudantes haviam decidido criar o "mural comunitário da paz", com imagens e poesias pintadas em resposta à tragédia.

Isso nos pareceu bastante instigante. Nossas crianças menores não estavam alheias à crise e à ansiedade à sua volta, e suas vidas também mudaram, devido à proximidade com o aeroporto de Burlington, que fica a apenas um quilômetro e meio do nosso centro. Nosso

* Comunicação pessoal com Loris Malaguzzi em novembro de 2000.

pátio está embaixo da trajetória de voo de aviões que decolam e aterrissam todos os dias. É muito comum crianças e professores olharem para cima quando um avião em voo baixo lança sua sombra sobre o pátio.

O aeroporto também serve como base para a unidade aérea da Vermont National Guard. Em geral, uma vez de manhã e uma vez à tarde, a guarda faz patrulhas aéreas sobre o corredor nordeste desde Washington, com uma formação de caças F16. Depois de 11 de setembro, eles voaram sem parar por 122 dias consecutivos, e nosso pequeno *playground* tremia.

Tivemos de agir conforme nossa crença de que as múltiplas linguagens representativas das crianças podem ser muito mais profundas do que simplesmente a fala. Sabemos que as artes são uma forma poderosa de comunicação. Acreditamos que, ao longo da história, as pessoas usaram as artes para transmitir sua cultura, sua identidade, seus valores, sentimentos e ideias e para definir a beleza. A arte é um mecanismo que as pessoas utilizam para marcar o tempo, para se entender melhor e para se expressar e aprender sobre as ricas vidas interiores dos indivíduos. Como professores, o projeto do mural nos pareceu uma oportunidade valiosa para responder à tristeza e ao medo imensos no contexto da comunidade e como metáfora.

Em 5 de outubro de 2001, começamos a nossa participação na elaboração do projeto do mural comunitário no lado leste do Living and Learning Complex (ver Figura 8.5). As crianças da pré-escola receberam uma parte especial da parede entre nosso ateliê e a cooperativa de cerâmica. Havíamos passado as semanas que antecederam à pintura propriamente dita discutindo quais símbolos representariam melhor as ideias das crianças sobre felicidade e paz. As crianças concordaram em pintar arco-íris, "pois são bonitos e deixam as pessoas felizes!". Com o passar dos anos, compreendemos a poderosa natureza dos arco-íris para crianças pequenas. Muitas vezes, observamos crianças pintando arco-íris para expressar esperança, beleza, felicidade e amor. Concordamos com as crianças e preparamos o ateliê como um depósito para todos os materiais que seriam necessários para pintar na rua, sobre a parede de concreto.

As crianças trabalharam incansavelmente, fazendo pequenos intervalos para observar os alunos da universidade pintar, ouvir sua música, relaxar, refletir, conversar, chorar e se abraçar. A empolgação tornou-se contagiante, e as crianças das outras salas queriam participar do processo. Os bebês e os menorzinhos da pré-escola contribuíram com manchas de tinta, impressões de suas mãos e energia para o mural. Os professores dos bebês acrescentavam palavras para representar as vozes frequentemente não escutadas das crianças pequenas.

O mural simboliza os valores que nos levaram a construir nosso ateliê e anuncia a nossa presença para todos no *campus*. É uma mensagem de boas-vindas, relacionando imagens, lugares, pessoas e acontecimentos. Se pudesse falar, creio que citaria Cícero: "Seja gentil, pois cada um está lutando a sua própria batalha silenciosa".

Com o tempo, continuamos escrevendo nossa história, expandindo nosso futuro e desembrulhando nossas memórias e impressões de Reggio Emilia. Esse processo não é algo sobre o que pensemos constantemente, pois isso faz parte de ser absorvido ou consumido pelo contenta-

FIGURA 8.5 Crianças da pré-escola compondo o mural da paz do 11 de setembro, em frente ao ateliê.

mento que o trabalho traz, e o nosso ateliê nutre essa paz de espírito.

NOSSO PEQUENO ATELIÊ GANHA ALMA

Após três anos crescendo e evoluindo, a alma do nosso ateliê se tornara óbvia. Depois do segundo ano, o espaço tinha uma essência física e servia a muitas pessoas e propósitos, porém carecia de encantamento. O ateliê precisava primeiro ser inventado, e, depois, vivenciado para absorver algum espírito que pudesse, por sua vez, inspirar outras pessoas.

Nosso ateliê se tornara um lugar real, e não a imitação de um lugar. Sua singularidade parecia ser um bom ponto de partida para a imaginação, convidando-nos a habitar nele, pois tinha uma história. Ele é um portador de esperanças, que conta histórias e traduz a sua intencionalidade e todos os valores que nos são caros.

Um desses valores fica evidente a cada vez em que nos referimos à pequena sala como "ateliê", uma palavra que implica, a um só tempo, trabalho, investigação e arte. Nossos valores também são transmitidos pelo espaço. Nosso ateliê é simples. Descobrimos um tipo de riqueza na simplicidade, apresentando aquilo que realmente usávamos, as coisas a que estávamos conectados, que considerávamos belas – da natureza e uns dos outros (ver Figura 8.6).

O convite para trabalhar fora do ateliê, no mural da paz, era um lembrete constante de que podemos ampliar as nossas fronteiras (ver Figura 8.7). Era uma pro-

FIGURA 8.6 Materiais naturais reunidos pelas crianças e disponíveis a todos nas prateleiras do ateliê.

FIGURA 8.7 Gemma, 1 ano e 6 meses, visita o mural da paz.

messa de esperança duradoura, alimentada em mim primeiro por minha mãe, inspirada em todos nós em Reggio Emilia e integrada a nosso pequeno ateliê pelo espírito da cooperação, por uma postura de otimismo, por valores fortemente compartilhados e por uma crença incansável no poder das artes.

REFERÊNCIAS

MARTIRI DI SESSO CENTRO VERDE PRESCHOOL. *Along the levee road: our school turns 50: from nursery school to municipal Centro Verde Preschool*, 1945-1997. Reggio Emilia: Reggio Children, 2002.

TOPAL, C. W.; GANDINI, L. *Beautiful stuff!: learning with found materials*. Worcester: Davis Publications, 1999.

9

Limites transpostos e lições aprendidas:

a evolução de um ateliê intergeracional

Lynn Hill

Esta é a história do crescimento do sentido de comunidade e da **amabilidade** na Virginia Tech Child Development Laboratory School (CDLS), inspirada em Reggio Emilia, onde trabalhei como atelierista e diretora de currículo por 7 anos. Uma decisão tomada em 2002, de dar início a uma mudança intencional em nossa comunidade de aprendizagem, tornou-se o nosso "projeto". A escola-laboratório serviu como local de formação e pesquisa para professores e prestou atendimento de boa qualidade para crianças de aproximadamente 90 famílias. As crianças foram matriculadas em um dos sete programas de meio período, incluindo bebês e crianças de até 5 anos. O centro oferecia cuidado e educação para as crianças da universidade e da comunidade local.

O CONTEXTO DA HISTÓRIA

Os professores da escola-laboratório eram graduandos e pós-graduandos em desenvolvimento infantil ou nos primeiros anos da educação infantil. Os diretores eram estudantes de pós-graduação, os quais normalmente passavam 1 ou 2 anos na escola. Os estudantes de graduação estavam completando um estágio de 1 ano e trabalhavam 6 horas por semana na escola. Embora todos os membros estivessem comprometidos com o ensino e a aprendizagem, a comunidade estava em constante fluxo, o que contribuía para a falta de continuidade. No início de cada ano letivo, durante a orientação da nossa equipe, nosso objetivo mais importante era enfatizar um sentimento de pertencimento e de que a escola-laboratório era um lugar onde todos seriam acolhidos, incentivados e desafiados a se tornar professores fortes, questionadores e corajosos. As palavras de Mara Sapon-Shevin (1995, p. 99) foram expostas em um ponto de destaque na escola: "Uma comunidade é um lugar seguro para se aprender e crescer, um espaço que nos acolhe integralmente, que nos vê como quem somos, que nos convida à participação e que nos abraça suavemente enquanto exploramos".

Em 2001, a escola-laboratório era pequena, mas aconchegante, com quatro salas para as crianças, alguns gabinetes e um minúsculo ateliê, onde eu oferecia materiais e apoio para diversos projetos. Adorávamos o nosso pequeno ateliê, mas seu tamanho era limitante. Vários de nós tinham sido atraídos principalmente pelo conceito dos ateliês que visitáramos em Reggio Emilia e desejávamos ter um espaço semelhante. Nosso entusiasmo pelo pensamento e pelos projetos que surgiram desses espaços não conhecia limites, e nossa devoção ao conceito era alimentada por estas palavras de Vea Vecchi:

> O ateliê tem duas funções. Em primeiro lugar, é um espaço onde as crianças podem tornar-se mestres em todos os tipos de técnicas, como pintura, desenho e trabalho em argila – todas as linguagens simbólicas. Em segundo lugar, auxilia os adultos a compreender os processos de como as crianças aprendem. Ele ajuda os professores a entender como as crianças inventam veículos autônomos de liberdade expressiva, liberdade cognitiva, liberdade simbólica e caminhos para a comunicação. O ateliê tem um efeito importante, provocador e perturbador sobre antigas ideias de ensino. (VECCHI, 2012, p. 304).

Um grupo de vizinhos singular

Localizado dentro do mesmo edifício que a CDLS, estava o Adult Day Services Program (ADS). Os dois programas eram separados por uma área usada como passagem e espaço de armazenamento. Em muitos aspectos, o ADS era semelhante à CDLS, pois servia como um programa de dia para os idosos da comunidade que precisavam de cuidados enquanto seus familiares estavam longe de casa. O programa matriculava entre 10 e 20 "residentes" com diferentes capacidades de cuidar de si. Muitos tinham níveis elevados de demência, outros eram mais lúcidos, porém tinham deficiências físicas, e a maioria mantinha boa parte de sua memória de longo prazo, mas tinha dificuldade com lembranças recentes. Embora os dois programas funcionassem lado a lado, por muitas razões, o CDLS e o ADS nunca tiveram êxito em suas tentativas de se relacionar como vizinhos. De tempos em tempos, os professores de ambos os programas planejavam algumas "atividades intergeracionais". Esses eventos eram pouco frequentes e raramente se estabeleciam relações.

Pesquisa-ação: fazendo do problema o projeto

Como era nosso costume, todos os anos, os estudantes de pós-graduação e os professores da CDLS declaravam a intenção de estudar um aspecto do nosso programa – geralmente algo que havia surgido como um "problema" ou "nó cognitivo", como é chamado em Reggio Emilia (EDWARDS, 2012, p. 157). Esses projetos de **pesquisa-ação** normalmente eram realizados por uma equipe de pesquisadores composta por docentes e pós-graduandos. Consideramos o processo não apenas revelador, mas também muito divertido. Por estarmos empenhados em encontrar uma maneira de fomentar relações de amabilidade dentro de nossa comunidade de aprendizagem e porque a ideia de "[...] uma educação baseada em inter-relacionamentos [...]" (MALAGUZZI, 2012, p. 42) tinha sentido para nós, decidimos estudar relacionamentos. Durante alguns anos, vários estudos muito interessantes derivados do nosso trabalho haviam nos ajudado a reavaliar algumas de nossas filosofias e práticas e a crescer como comunidade. Alguns desses estudos se tornaram teses e dissertações inspiradoras e profundas. Os tópicos de pesquisa durante esse período incluíram:

- Examinar a amabilidade e a democracia em uma escola.
- Somos verdadeiramente parceiros? Explorando comunicação e as relações entre casa e escola.
- O que acontece quando discordamos? A colaboração entre professores.
- Suporte entre pares: uma comunidade de aprendentes em uma sala de alunos de 3 anos de idade.
- Humor como forma de se relacionar.
- O papel do ateliê: ele pode incentivar a comunidade?

À medida que lemos e exploramos a literatura sobre comunidade, nos tornamos mais motivados e incentivados pela definição de Thomas Sergiovanni (1992, p. 63) para "comunidade escolar": "Pessoas que trabalham no mesmo lugar (uma comunidade de lugares) têm um sentimento de pertencimento e obrigação umas para com as outras (uma comunidade de amizade) e estão comprometidas com uma fé ou valores comuns (uma comunidade de ideias)". Passamos a usar essa definição como referência, pois ela refletia muito do que entendemos da filosofia das escolas de Reggio Emilia. Considerávamos que a atenção a essa definição poderia nos ajudar a passar de "organização" a "comunidade verdadeira".

Era hora de delinear um novo projeto de pesquisa-ação e fazia sentido se concentrar em algumas áreas da nossa escola que precisavam de atenção especial. Como sabíamos que o nosso programa intergeracional deixava a desejar e como o nosso espaço do ateliê limitava nossa experiência e estávamos comprometidos a melhorar a comunidade, propusemos uma nova solução para esses problemas. Sugerimos a possibilidade de criar um ateliê intergeracional no espaço não usado entre a CDLS e o programa de ADS. Loris Malaguzzi nos dizia que "[...] o ateliê era, acima de tudo, um lugar de pesquisa [...]" (2012, p. 50), e esperávamos que nosso ateliê recém-concebido pudesse ser esse tipo de lugar.

Consultando as pesquisas sobre programas intergeracionais

Nossas ideias eram experimentais, e não conseguíamos prever um desfecho, mas acreditávamos que um ateliê intergeracional permitiria que os participantes de ambos os centros compartilhassem tempo, materiais e experiências. O espaço também poderia atender de forma mais eficaz aos principais interesses e às necessidades funcionais e de desenvolvimento de adultos e crianças.

Ao revisarmos a literatura sobre programas intergeracionais, nosso foco estava na seguinte pesquisa:

> É especialmente importante que os alunos de pré-escola experimentem os benefícios dos programas intergeracionais porque muitas atitudes negativas e estereotipadas sobre pessoas de mais idade e sobre o envelhecimento se estabelecem durante os primeiros anos de vida. (FRUIT et al., 1990).

> A maioria dos programas intergeracionais trata principalmente dos benefícios para as crianças, ao passo que os idosos servem como participantes menores. (STREMMEL et al., 1994, p. 514).

> Existe um perigo real de que os profissionais bem-intencionados que cuidam

> de idosos e crianças pressuponham que a simples reunião de qualquer número de pessoas mais velhas e crianças pequenas para fazer quase qualquer atividade produzirá resultados para ambas as faixas etárias. (GRIFF et al., 1996, p. 603).

> O contato com os membros da geração mais jovem provavelmente será positivo para as pessoas mais velhas quando estas se perceberem como modelos a seguir, carregados de sentido e valor. (DELLMANN-JENKINS; LAMBERT; FRUIT, 1991, p. 22).

Também lembramos que a presença dos avós é importante nas escolas de Reggio Emilia. Na Itália, é comum os avós levarem os netos à escola e estabelecerem com esta relacionamentos dotados de sentido. Os membros mais velhos das famílias costumam estar muito envolvidos com o sistema educacional.

As crianças nos Estados Unidos geralmente não têm a vantagem de crescer em um contexto intergeracional. Como tendemos a ser uma sociedade em movimento, as crianças geralmente não têm oportunidades cotidianas de conhecer e entender a geração mais velha de suas famílias. Tínhamos a esperança de que o nosso espaço reinventado permitisse a participação recíproca em experiências cheias de sentido, que levassem a experiências de vida compartilhadas, à oportunidade de autodescoberta por meio da experimentação com materiais e a uma chance de construir uma ponte de relacionamentos entre diferentes faixas etárias. Assim, esperávamos que esse ateliê novo e único pudesse emular uma versão do que observáramos nas escolas italianas e proporcionar uma experiência em que adultos e crianças pudessem descobrir possibilidades e capacidades em conjunto.

UMA DECLARAÇÃO DE INTENÇÃO

A questão surgiu quando precisávamos declarar nossa intenção. Primeiro, tínhamos de enunciar nossas visões: acreditávamos que a filosofia e a prática de Reggio Emilia poderiam ser uma base para essa determinada comunidade/ambiente. Especificamente:

- Desde o nascimento, as crianças têm potencial para entrar em relacionamentos, participar de interações e explorar e aprender com o seu ambiente.
- Os protagonistas da educação são as crianças, os pais, os professores e a comunidade.
- A organização e a distribuição do espaço podem promover encontros e aprendizagem.
- O currículo não precisa ser estabelecido de antemão.
- A documentação, a interpretação e a reflexão podem ser retrospectivas e também projetar os futuros contextos de aprendizagem.

Nossas perguntas de pesquisa iniciais passaram a ser:

- Como a filosofia e a prática de Reggio Emilia, na Itália, podem ser reformuladas para o nosso contexto único: um ateliê intergeracional?
- Como seria esse ateliê em termos físicos, emocionais e intelectuais?

- O que podemos aprender sobre amabilidade ao nos juntarmos ao ADS nesse projeto compartilhado?
- Qual seria o resultado de um encontro com outra geração na presença de materiais?

PREPARANDO UM ATELIÊ SINGULAR

Depois de receber a autorização dos dois programas, começamos um novo processo de reinvenção. Com essa nova proposta de transformação de espaço e lugar, e tendo em mente como ela poderia afetar os relacionamentos, professores, estudantes e funcionários, todos entusiasmados, trabalharam até tarde durante várias noites para preparar o novo ateliê. Esse período foi de muito caos, confusão e desordem. Também foi um tempo para considerar com profundidade e de maneira cuidadosa, na medida em que refletíamos sobre a localização de prateleiras, mesas e materiais, sempre examinando com atenção a ampla faixa das idades que estariam usando o espaço. Nossos grupos de trabalhadores comprometidos eram extremamente dedicados às possibilidades que poderiam surgir à frente e, assim, juntos, inspirávamos uns aos outros para continuar o esforço físico, mental e emocional necessário para continuar.

Infelizmente, a equipe do ADS não ficou feliz, inicialmente, com o novo espaço. Eles achavam que este não contemplava as necessidades de seus residentes e que poderia causar muitos problemas. Estávamos aprendendo mais uma lição. Ainda que achássemos que tínhamos prestado atenção às ideias que haviam sido apresentadas pelo ADS em nossas primeiras conversas, descobrimos muitos pensamentos e preocupações que não haviam sido mencionados naquelas reuniões iniciais. O que havíamos feito para diminuir as vozes dos nossos vizinhos? O esforço para criar um ambiente tão incomum parecia propenso a ceticismo, decepção e questionamento. Então, fizemos o que devíamos ter feito muito antes, por mais frustrante que nos parecesse: mais uma vez, paramos e escutamos cuidadosamente.

Nas semanas seguintes, experimentamos muitas mudanças no espaço. Repensávamos o ambiente o tempo todo e reduzimos o número de materiais visíveis, reorganizando-os em cestas e potes que deram ao ateliê um adorável clima doméstico. Acrescentamos iluminação indireta para proporcionar um calor suave ao espaço. De modo surpreendente, mesmo com esses esforços, alguns dos membros do ADS continuavam céticos quanto ao nosso modo peculiar de imaginar o espaço. Além disso, os professores mais antigos, que haviam discordado do nosso ateliê original, juntaram-se à equipe do ADS e começaram a ameaçar a retomada do espaço.

Durante essa fase de desconforto e até mesmo de medo de que pudéssemos perder nosso espaço e nosso sonho de reinvenção, entendemos que um dos problemas entre nossos dois centros poderia ser que, em cada ocasião, tínhamos nos apropriado totalmente da reorganização do espaço. Embora tivéssemos consultado a equipe do ADS, nunca a incluíramos em nossos esforços para reinventar o espaço. Esse estilo de interação deve ter contribuído para os sentimentos de invasão de seu território e falta de respeito por seu conhecimento e experiência. Essa foi uma lição dolorosa e difícil de aprendermos como professores impetuosos, porém, no interesse de que a aprendizagem fosse amigável, foi necessário admitir que tínhamos sido preconceituosos e até mesmo rudes quando imaginamos o ateliê dos nossos sonhos. Então, voltamos ao trabalho, desta vez, de maneira mais cooperativa, incluindo professores, crianças, idosos e todos os residentes que habitariam o espaço na busca da solução para o problema do nosso ambiente. Essas palavras de Loris Malaguzzi (2012, p. 41) nos inspiraram durante aquele período:

> A escola é um organismo inesgotável e dinâmico. Ela tem suas dificuldades, controvérsias, alegrias e capacidades para lidar com distúrbios externos. O que importa é que haja um acordo sobre a direção em que a escola deve avançar e que todas as formas de artificialidade e hipocrisia sejam contidas. Nosso objetivo, que sempre seguiremos, é criar um ambiente de amabilidade, onde crianças, famílias e professores se sintam à vontade.

CULTIVANDO RELAÇÕES

Quando todos estávamos satisfeitos com o espaço, começamos a convidar os idosos e as crianças para trabalharem juntos no ateliê. Os dois grupos etários se sentaram confortavelmente ao redor da mesa central; as crianças estavam empoleiradas em bancos altos, ao passo que os adultos podiam se aproximar com suas cadeiras de rodas até a mesa. Representantes do ADS e do CDLS decidiram que passaríamos o resto do ano explorando materiais, contudo, ainda mais importante, nosso foco estaria na construção de relações e em um sentido de comunidade entre os idosos e as crianças. Agora que entendêramos que cultivar a comunidade *era* o currículo, o foco de nossa esperança estava em fazer as experiências compartilhadas com materiais no ateliê engendrarem entendimento, respeito e apreciação profundos de uns pelos outros.

As primeiras experiências em torno da mesa do ateliê foram silenciosas. As anotações detalhadas de nossas observações daquela época mostraram que as crianças pareciam inibidas e até um pouco nervosas com os novos "amigos". Alguns dos adultos se sentaram calados, enquanto manipulavam, a contragosto e aleatoriamente, os novos materiais oferecidos em nossas novas prateleiras do ateliê. Para dizer o mínimo, parecia faltar entendimento e valorização entre as gerações. Além disso, havia uma tendência inevitável de a equipe de cada centro proteger os seus próprios residentes.

Após as primeiras discordâncias sobre espaço e distribuição, bem como o visível desinteresse de idosos e crianças uns pelos outros, a equipe de pesquisa planejou vários eventos para oferecer mais momentos de comunicação entre adultos e crianças. Esperávamos que essas experiências compartilhadas diminuíssem o nervosismo que as crianças pareciam sentir quando estavam na companhia dos idosos.

Experiências compartilhadas

Durante o tempo que estavam no ateliê, enquanto mexiam em uma variedade eclética de materiais, crianças e adultos foram observados calmamente comparando mãos, braços, rostos e até mesmo dentes. Assim, as próximas experiências foram planejadas para aproveitar esses interesses e aproximá-los entre si. Uma oportunidade incluiu pintura mútua de rostos, onde os traços de identificação individual podiam ser reconhecidos de uma posição mais próxima e mais íntima. Rugas, cor e textura do cabelo, cor e formato dos olhos, dentes e uma variedade de narizes, orelhas e sorrisos foram cuidadosa e carinhosamente percebidos (ver Figura 9.1).

Na seguinte reunião de pesquisa, compartilhamos nossas observações mais recentes sobre o trabalho que vinha do ateliê intergeracional. Certamente, havia uma ênfase nos materiais a cada dia, mas outro elemento era o crescente entusiasmo por estar juntos e construir amizades. Outro aspecto cuidadosamente observado em nosso diário foi o desenvolvimento paralelo de relações pessoais e profissionais entre as duas equipes (do CDLS e do ADS). Estávamos finalmente compartilhando informações importantes e autênticas uns com os outros, e assumindo, juntos, a responsabilidade por contribuir para o planejamento das experiências intergeracionais. Estar juntos começava a ser divertido e, quando comparávamos anotações, encontrávamos um novo sentido de **intersubjetividade**. Começávamos a responder uns aos outros com maior compreensão e interesse. Percebíamos que nossos novos objetivos eram construir relacionamentos, observar o que poderia informar nossos próximos passos e nos apoiarmos mutuamente.

Um belo dia, trabalhamos juntos para montar vários cavaletes no pátio do ADS

FIGURA 9.1 Uma oportunidade para se aproximar e ganhar intimidade levou a um prazer mais confortável entre os grupos.

e oferecer uma ampla variedade de pastéis macios, com o objetivo de proporcionar um novo contexto para as relações que se desenvolviam. Ao chegar à cena, crianças e idosos foram imediatamente atraídos pela experiência que lhes havia sido preparada. Em pouco tempo, eles se juntaram (um idoso com uma criança) e começaram a experimentar com os materiais (ver Figura 9.2).

No dia seguinte, mostramos documentação visual ao grupo intergeracional a partir da experiência de trabalhar com pastéis e cavaletes no pátio. O poder da documentação ficou imediatamente claro na sala. Descobrimos que tanto as crianças quanto os adultos ficaram encantados de se ver retratados nos documentos, mas que outra coisa também acontecia. As duplas estavam sentadas juntas e relembrando fatos entre si (ver Figura 9.3). Além disso, pareciam entusiasmadas e inspiradas de ver seu trabalho mais uma vez. Era contagiante o entusiasmo expresso por nossos participantes ao revisarem e refletirem sobre seu trabalho anterior, o que levou todos a decidirem avançar ao próximo nível.

Isso não quer dizer que tudo fosse completamente agradável em todas as ocasiões, mas qualquer divergência entre nossos grupos tornava-se um desafio para os membros de cada grupo (em vez de irritá-los). Estávamos aprendendo que assumir nossas discordâncias e discussões, bem como a dissonância que vinha com elas, colocava às claras as nossas múltiplas perspectivas e, assim, podíamos abordá-las melhor.

FIGURA 9.2 Uma chance de trabalhar em duplas nos deu uma visão dos diferentes estilos de colaboração.

FIGURA 9.3 O poder da documentação ficou muito evidente entre esse grupo singular de amigos e promoveu o aprofundamento da investigação dos materiais.

Um momento breve, mas empático e dotado de sentido

À medida que crianças e adultos tinham oportunidade de passar mais e mais tempo juntos no ateliê, começamos a observar sua empatia uns pelos outros. Os momentos mais comuns pareciam oferecer possibilidades extraordinárias. Por exemplo, um dia, depois de adultos e crianças terem concluído um belo mural colaborativo feito de vários tipos de papel, tecido, celofane e barbante que tinham colado em uma tela grande, surgiu a grande questão: "O que fazemos com toda essa cola nos dedos?". Em pouco tempo, os amigos estavam trocando técnicas para remover a cola. Clifton, de 84 anos, mostrou a Taylor, de 4, como rolá-la cuidadosamente e removê-la, enquanto Monica, de 4 anos, andava cuidadosamente em torno da mesa, cuidando dos dedos de todos à sua própria maneira delicada (ver Figura 9.4). Naquele dia, aprendemos que o toque e o cuidado íntimos uns com os outros fazem muito pela construção de relações de afeto e proximidade.

CRIANÇAS E ADULTOS TOMAM A FRENTE

Como sabíamos que a força do ateliê poderia ser sentida fora de suas paredes, procuramos outras maneiras de agir a partir dessa visão. Um dia, no início da primavera, os dois grupos decidiram dar uma caminhada juntos para ver as mudanças da nova estação. Todos ficaram muito empolgados ao descobrir um ninho de coelho no pátio de brinquedos.

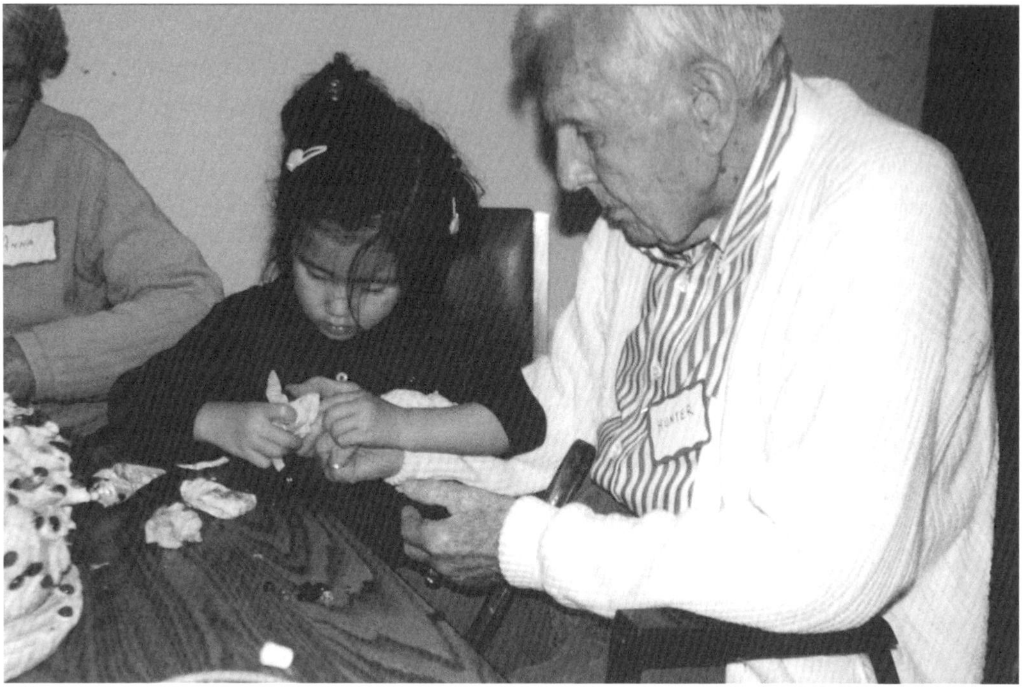

FIGURA 9.4 A abordagem empática e afetuosa de Monica reflete o centro dessa experiência intergeracional.

Isso bastou para lançar as crianças e os adultos em um projeto que chamamos de *Pense como um coelhinho*. As crianças começaram a se vestir como coelhinhos e também estavam determinadas a construir uma casa sofisticada para eles (ver Figura 9.5). Os adultos ofereceram suporte às crianças em cada centímetro do caminho. Algumas das conversas foram assim:

Finn, 5 anos: Não vamos nos esquecer que a gente precisa de cenouras! Onde é que a gente pode conseguir umas cenouras? Eu posso desenhar umas agora mesmo! Você acha que os coelhos gostariam?

Betty, 80 anos: Claro, querida, eu acho uma boa ideia.

Assim, vovós e vovôs (como eram chamados agora) e crianças trabalharam por dias e, como sempre, conversaram de maneira íntima enquanto trabalhavam lado a lado.

Corrine, 4: Os coelhinhos gostam de ter uma casa segura, mas também podemos fazer uma casa bacana.

Betty, 80: Eu tinha vários coelhinhos quando eu era criança.

Corrine, 4: Eu ganhei um coelho de chocolate na Páscoa.

Clifton, 84: E eu caçava coelhos para o jantar de Páscoa, hahaha!

E assim aconteceu... e o humor nos levou adiante.

FIGURA 9.5 O início do projeto *Pense como um coelhinho.*

O verão e o outono trouxeram mais oportunidades para os dois grupos compartilharem experiências e fortalecerem sua relação. Então, uma manhã, houve muita alegria quando Clifton, de 84 anos, ex-agricultor, informou que a primeira geada era iminente. Clifton iniciou espontaneamente uma experiência de resgatar flores com as crianças (ver Figura 9.6). Ele disse que elas podiam usar as tesouras para cortar as flores, e elas aproveitaram essa chance de participar.

Em seguida, Geneva, de 84 anos, liderou o grupo enquanto demonstrava uma técnica para prensar as flores e, uma semana depois, mostrou às crianças como usá-las para criar papel. Talvez ainda mais impressionante tenha sido a transformação de Betty, de 80 anos. Anteriormente, sua família havia relatado que, em geral, ela voltava para casa, depois de um dia no ADS, sem nada para contar. Agora, ela descrevia com muito entusiasmo o tempo que passava com as crianças e até começou a reunir materiais de casa para levar ao ateliê (ver Figura 9.7).

Adultos e crianças estavam apropriando-se do tempo que passavam juntos. Por fim, como a literatura sobre experiências intergeracionais havia previsto, a emoção de ser modelo para as crianças inspirou um sentido de autoestima em nossos idosos!

O QUE CONCLUÍMOS

Dez meses após o início do experimento de reunir adultos e crianças em um ambiente único, nos sentamos para rever a documentação e interpretar alguns dos dados. Pensando em nossas perguntas de pesquisa originais, tentamos responder

FIGURA 9.6 Começa a colheita das flores.

FIGURA 9.7 Os materiais são trazidos de casa.

às seguintes: como seria um ateliê intergeracional? Haveria uma maneira de encontrar pontos comuns de amabilidade com o ADS? Revisitando a definição de comunidade de Sergiovanni, começamos a responder.

Uma comunidade de lugar

Concluímos que precisávamos expandir a nossa definição de ateliê e estar dispostos a quebrar as paredes para incluir espaços interno e externo. Havíamos descoberto uma maneira específica de criar um ambiente cheio de materiais ecléticos que permitisse à maioria dos membros produzir sentido e descobrir a alegria de representar suas ideias de maneiras novas. Contudo, o melhor foi que nosso ateliê tornou-se um "lugar", e não apenas um "espaço" privilegiado e independente, mas algo que havia permeado cada programa. A mesa do ateliê havia se tornado um lugar para compartilhar materiais e fortalecer relações. Ela nos lembrava do tipo de comunicação íntima e afetuosa que acontece em uma cozinha agitada quando a conversa flui enquanto as mãos estão trabalhando. Clifton resumiu isso para nós, quando riu e disse: "Eu estou muito feliz com o novo ateliê. Nunca gostei tanto de fazer coisas como quando eu estou com essas crianças".

Uma comunidade de amizade

Embora os adultos e as crianças não fossem parentes, havia uma bonita sensação de intimidade, ternura e afeto entre os membros daquele novo tipo de família. Os idosos esperavam a hora em que poderiam estar com as crianças. Margaret, de 84 anos, disse: "Ah, eu fico esperando ver as crianças todos os dias [...] é a primeira coisa que faço quando chego aqui, todas as manhãs" (ver Figura 9.8).

FIGURA 9.8 Margaret espreita na sala das crianças todas as manhãs para ter certeza de que tudo está bem.

Além disso, descobrimos que as crianças passaram de participantes cautelosos para fazer visitas "de surpresa" aos vovôs e às vovós, apenas por diversão. Grace, de 5 anos, expressou da melhor forma quando disse: "As vovós e os vovôs gostam de ser bobos como nós" (ver Figura 9.9).

As interações tornaram-se leves e divertidas e pareciam unir os participantes, e os adultos expressavam profundo carinho e preocupação para com as crianças. "Eu simplesmente amo essas criancinhas, eu faria qualquer coisa por elas", disse Margaret. Embora idosos e crianças tenham definitivamente estabelecido relações fortes, um dos resultados mais surpreendentes desse esforço foi o estabelecimento de uma relação paralela entre as equipes de cada centro. Os sentimentos anteriores de desconfiança e falta de respeito entre os membros das equipes foram transformados em lealdade e visão compartilhada sobre o que pode acontecer quando um ateliê é apresentado a um programa.

Uma comunidade de ideias

Os adultos e as crianças deixaram de ser seguidores e passaram a liderar – verdadeiros copesquisadores no ateliê –, ajudando-se mutuamente a aprender e a crescer. Como líderes dos programas, havíamos cedido o controle das experiências e nos aberto a possibilidades desconhecidas. Aprendemos com a experiência a adotar uma nova postura aberta e capaz de ver outras perspectivas. Deixamos de correr para resolver tudo e passamos a dar tempo para assumir o processo e construir relações fortes e

FIGURA 9.9 A alegria imprevista entre as gerações melhora os relacionamentos.

amigáveis primeiro. Descobrimos que os projetos envolvendo múltiplas partes que aconteceram ao longo do tempo, como *Pense como um coelhinho* e *Colheita de flores*, pareciam favorecer e aumentar o interesse duradouro, provando, mais uma vez, que o currículo não precisava ser prescrito. Corrine, de 5 anos, disse: "Eu gostei disso com as flores. A minha vovó gosta mais de vermelho e nós fizemos o trabalho juntas".

Outras conclusões

Acreditamos que revisar a documentação de forma solidária e regular serviu como um poderoso estimulador da memória de curto prazo. Parecia ser um ato de amor, criando a oportunidade de relembrar e compartilhar um sentido de história e carinho para a nossa comunidade. Margaret disse: "Eu gostei de olhar as fotos com as crianças; nos ajuda a lembrar o que fizemos ontem".

Ao contrário dos dados que tínhamos analisado na literatura intergeracional, os adultos agora exibiam uma sensação maior de bem-estar e propósito. Clifton disse: "Sim... derramamos aquela tinta hoje, e caiu em tudo [...] ficamos todos verdes! Mas sabe do quê? Só rimos muito e começamos a limpar, juntos".

Diferentemente da pesquisa, as crianças já não apresentavam comportamentos receosos estereotipados em relação aos adultos. Lina, de 4 anos, disse: "Eles me adoram. Eu posso trabalhar no ateliê com meus vovôs e vovós, e eles nunca me mandam fazer mais rápido" (ver Figura 9.10).

FIGURA 9.10 Relacionamentos fortes, respeitosos e afetuosos foram o resultado da experiência e do ateliê intergeracionais.

REFLEXÕES FINAIS

À medida que esse projeto se aproximava do fechamento do ano, estávamos animados com uma revelação mais importante: os principais pilares e princípios das escolas de Reggio Emilia certamente poderiam inspirar o trabalho com idosos, assim como com crianças pequenas. À medida que nós, da Child Development Lab School, trabalhávamos para definir e desenvolver esses princípios de Reggio como nossa compreensão da "amabilidade", "uma educação baseada em relacionamentos", "a imagem da criança", "o ambiente como um terceiro professor", e assim por diante (GANDINI, 2002), reconhecemos, com entusiasmo, que esses conceitos importantes também poderiam ser aplicados a uma população bastante diferente.

A pesquisa, a análise e a aplicação das ideias do ateliê pelo nosso grupo levou-nos por uma jornada criativa. O ateliê intergeracional experimental havia nos oferecido uma grande oportunidade de aprender e crescer como indivíduos e como grupo. Ele tinha sido, a um só tempo, uma tentativa inspiradora, frustrante, excitante, dolorosa e apaixonante de encontrar novas maneiras para oferecer os benefícios do ateliê a um grupo singular de pessoas.

Mesmo que a história desse ateliê inovador seja radicalmente diferente das experiências de quem lê este capítulo, acredito que o leitor possa encontrar muitas semelhanças nos desafios de que tratamos ao longo do caminho. No final, continuamos avançando, apesar de cada adversidade. Nós identificamos que, acima de tudo, o ateliê diz respeito a escutar, a comunicar e a construir o sentido de comunidade. O desenvolvimento de uma comunidade de aprendentes nos ajudou a correr riscos com mais coragem, e, a partir dessa postura, todos aprendemos e crescemos juntos. Ainda estamos nos primeiros estágios de imaginar e criar um espaço de ateliê que celebre o uso múltiplo dos materiais, mas sabemos que chegamos a uma parte importante desse modo de pensar: estamos mais próximos de entender o que significa considerar uma "educação baseada em relacionamentos". Acreditamos que esse é o primeiro e mais vital passo para se chegar a um ateliê que transponha limites e afete a todos que tenham contato com ele. Aprendemos que, incentivando relacionamentos e cultivando a comunidade de um modo lento e respeitoso, descobrimos o alicerce da ideia do nosso ateliê: a amabilidade.

REFERÊNCIAS

DELLMANN-JENKINS, M.; LAMBERT, D.; FRUIT, D. Fostering preschoolers' prosocial behavior toward the elderly: the effect of an intergenerational program. *Educational Gerontology*, v. 17, n. 1, p. 21-32, 1991.

EDWARDS, C. Teacher and learner, partner and guide: the role of the teacher. In: EDWARDS, C.; GANDINI, L.; FORMAN, G. (Eds.). *The hundred languages of children: the Reggio Emilia experience in transformation*. 3rd ed. Santa Barbara: Praeger, 2012. p. 147-172.

FRUIT, D. et al. Intergenerational day care. In: ANNUAL MEETING OF THE GERONTOLOGICAL SOCIETY OF AMERICA, 43., 1990, Boston. *Proceedings...* Washington, DC: Gerontological Society of America, 1990.

GANDINI, L. The story and foundation of the Reggio Emilia approach. In: FU, R. V.; STREMMEL, A. J.; HILL, L. T. (Eds.). *Teaching and learning: collaborative exploration of the Reggio Emilia approach*. Upper Saddle River: Merril, 2002. p. 15-20.

GRIFF, M. et al. Intergenerational activity analysis with three groups of older adults: frail, community-living, and Alzheimer's. *Educational Gerontology*, v. 22, n. 6, p. 601-612, 1996.

MALAGUZZI, L. History, ideas, and philosophy: an interview with Lella Gandini. In: EDWARDS, C.; GAN-

DINI, L.; FORMAN, G (Eds.). *The hundred languages of children: the Reggio Emilia experience in transformation.* 3. ed. Santa Barbara: Praeger, 2012. p. 27-72.

SAPON-SHEVIN, M. Building a safe community for learning. In: AYERS, W. (Ed.). *To become a teacher: making a difference in children's lives.* New York: Teachers College, 1995. p. 99-112.

SERGIOVANNI, T. *Moral leadership: getting to the heart of school improvement.* San Francisco: Jossey-Bass, 1992.

STREMMEL, A. J. et al. The perceived benefits and problems associated with intergenerational exchanges in day care settings. *The Gerontologist*, v. 34, n. 4, p. 513-519, 1994.

VECCHI, V. The role of the atelierista: an interview with Lella Gandini. In: EDWARDS, C.; GANDINI, L.; FORMAN, G. (Eds.). *The hundred languages of children: the Reggio Emilia experience in transformation.* 3. ed. Santa Barbara: Praeger, 2012. p. 303-316.

10

O ateliê: um sistema de espaços físicos e conceituais

Louise Cadwell, Lori Geismar Ryan e Charles Schwall

Quando pensamos na forma como trabalhamos em nossas escolas em St. Louis, como a escola é vivenciada e como professores e crianças aprendem, pensamos em grupos de nuvens formando-se e mudando, à medida que os padrões climáticos se desdobram. Pensamos em formas orgânicas e naturais, na beleza e no equilíbrio que surgem em pequenos eventos, bem como nos grandes acontecimentos. Essas não são as imagens usuais da escola; elas vêm de outras fontes. Vêm da natureza, da nova ciência física, do pensamento sistêmico e da nossa compreensão cada vez maior de que essa é a maneira como o mundo funciona e a aprendizagem evolui.

No mundo da ciência, um sistema vivo é aquele cujas partes estão em fluxo constante em relação a outras, ao todo a que pertencem e a outros sistemas vivos. Há muito tempo, as escolas têm funcionado como sistemas inanimados, onde há pouca evolução de partes relacionadas: as ideias são fixas, os professores as ensinam e as crianças devem aprendê-las.

Os educadores das escolas do St. Louis Collaborative fazem parte de uma revolução no pensamento sobre a escola, que está ocorrendo de muitas maneiras e em muitos locais espalhados pelo país e, na verdade, em todo o mundo. Nós três e as escolas em que trabalhávamos eram membros do Collaborative. Decidimos escrever este capítulo juntos porque estudamos juntos como um pequeno grupo de três, dentro de nosso grupo maior de colegas, concentrando-nos na teoria sistêmica e em como ela ajuda o nosso trabalho. Nosso estudo dos sistemas é inspirado no trabalho das escolas de Reggio Emilia, na Itália, e em outras fontes de reforma e inovação em educação, bem como em outros campos.

UM NOVO PARADIGMA DE ESCOLA

Em nossas escolas, nos alinhamos a um modo de pensar que é gerativo. Como professores, queríamos trazer tudo o que somos para a escola e estar plenamente presentes, sabendo que, se fizéssemos isso, algo novo provavelmente nasceria do nosso contato e seríamos transformados. Esta é uma grande ideia – a de que os professores serão e, na verdade, quererão ser transformados por, com e por intermédio uns dos outros e com as crianças a cada dia.

As crianças vivem como se fossem transportadoras de energia e ideias, em vez de recipientes vazios em busca de conhecimento. Queremos ensiná-las a se sentirem confortáveis diante do inesperado. Também nos enxergamos como transportadores de energia e ideias, em vez de recipientes completos e cheios, dividindo o que sabemos com os vazios. Felizmente, para muitos educadores, a ideia do recipiente vazio é antiga e obsoleta, assim como a visão da escola.

As maneiras em que estamos aprendendo a pensar juntos em nossas escolas nos animam. Ficamos entusiasmados ao imaginar o que poderíamos criar juntos, que seria um espaço para o desdobramento de sentidos e ideias entre as crianças. Buscamos criar o contexto mais empolgante, fértil, seguro e irresistível, onde as crianças lançassem suas ideias ao ar para que elas colidissem umas contra as outras, em pensamentos, gestos, palavras faladas e escritas, números, desenhos, argila e tinta. No centro do nosso trabalho, o ateliê é, ao mesmo tempo, o ponto focal físico e o espaço conceitual que é catalisador e lugar da nossa produção de sentidos. É uma dança de sentidos feita em relação aos outros e à experiência. Não existe desfecho estabelecido. O desfecho, esperamos, irá além dos nossos sonhos mais extravagantes. Sabemos que estamos mirando nas estrelas.

Teoria dos sistemas

Existem conceitos fundamentais que influenciaram o nosso pensamento, na verdade, que transformaram o nosso pensamento, o nosso comportamento, as nossas expectativas e as nossas culturas escolares, de modo que, quando estamos verdadeiramente alinhados, vivemos juntos dentro de um novo paradigma de escola. Alguns de nós leram e discutiram o trabalho de vários autores, incluindo Senge e colaboradores (2000), Fullan (2001), Dufour e Eacker (1998), Lambert (2003) e Wheatley (1999), que adotam a teoria dos sistemas como um modo de pensar sobre a reforma escolar e sobre transformação e crescimento organizacional. É por meio do trabalho de Wheatley, em particular, que estamos adquirindo uma compreensão mais clara das raízes e da natureza da nossa prática na escola. Esses autores fazem parte de um grupo ainda maior, que inclui Bateson (1979), Maturana e Varela (1987), Capra (1996), Bohm (1996) e Alexander (1979), oriundos de diversos campos: psicologia, física, biologia, fisiologia, religião, arquitetura, administração. Eles foram cativados pelas descobertas científicas do século XX, as quais começaram com a ciência física.

Em *Leadership and the new science: discovering order in a chaotic world*, Margaret Wheatley (1999) reflete sobre como a teoria sistêmica, que nasceu da física quântica, pode transformar o modo em que tradicionalmente pensamos e administramos organizações e instituições, incluindo as escolas. Em vez da administração de cima para baixo de um sistema fechado, como um modelo de fábrica que, em vez de produtos, produz alunos, podemos reconhecer que, o tempo todo, temos sido um sistema vivo de indivíduos vivos que buscam ser libertados para realizar seu potencial total juntos. Wheatley nos lembra de que o oposto se aplica aos sistemas fechados que são regidos pela segunda lei da termodinâmica: desgaste e perda de energia, que jamais pode ser recuperada. "A vida continua, mas tudo segue ladeira abaixo", lamenta a autora (WHEATLEY, 1999, p. 76).

As características dos sistemas abertos são muitas. Eles buscam o desequilíbrio e fazem trocas abertamente com o mundo, usando o que encontram para seu crescimento e evolução. Eles vicejam com a participação de todas as partes em uma relação saudável, dinâmica e contínua. Conectam essas partes em diversos pontos e ocasiões para intercâmbio, que é o meio mais importante para promover o crescimento e a saúde do sistema, e buscam e encontram ordem no caos aparente. Em um sistema aberto, a ordem não é uma estrutura, e sim uma energia organizadora dinâmica. Em um sistema aberto, a informação flui livremente. O sentido assume qualidades de energia, viaja e torna-se uma força de mudança, ele direciona cada uma e todas as partes do sistema vivo para que girem em torno de propósitos mais profundos e valores duradouros (WHEATLEY, 1999).

Estruturas

Com o passar dos anos, desenvolvemos estruturas, formas, ciclos e ações que nos permitem vivenciar a escola como um sistema vivo e aberto. Alguns têm a ver com o tempo, outros, com o espaço, alguns giram em torno do tamanho dos grupos e números de pessoas, alguns se concentram na maneira como confiamos uns nos outros e em como nos tratamos, e alguns envolvem modos de registrar, acompanhar e rastrear as nossas ideias e as ideias das crianças à medida que se desdobram. Todas essas formas e estruturas são inter-relacionadas e interconectadas; elas se movem juntas em sincronia, enquanto nos movemos com elas.

As estruturas temporais são horários de comum acordo para as reuniões, quando consideramos ideias e experiências e travamos um diálogo com os materiais, com os outros, com o mundo, com a experiência compartilhada. São horários marcados para trocas entre todos os atores no drama em permanente desdobramento do nosso sistema vivo. Um exemplo de estrutura temporal é a reunião matinal com todas as crianças em uma sala. Outro é o trabalho em pequenos grupos, todas as manhãs, dentro do contexto de uma sala referência ou ateliê complexos, ricamente desenvolvidos e bem cuidados. Outro, ainda, é a reunião regular dos professores para reflexão e projeção de ideias que nascem da evolução do trabalho. As reuniões, trocas e comunicações regulares com os pais configuram outra estrutura temporal.

Algumas das estruturas são espaciais.* Diferentes espaços e locais são recipientes permeáveis que geram curiosidade, ideias e trocas. Essas estruturas espaciais são múltiplas e diversificadas, e incentivam a interação com o conhecido e o desconhecido. Por exemplo, organizamos e reorganizamos salas grandes para um grupo maior de crianças, de modo a formar pequenos cantos íntimos para que grupos pequenos se organizem. Também nos apropriamos e batizamos pequenas salas e cantos para grupos menores. Esculpimos ateliês e miniateliês a partir de salas existentes, protegendo-os com paredes de vidro. Reapropriamo-nos de partes negligenciadas dos pátios, e imaginamos e construímos salas ao ar livre. Aventuramo-nos em lugares da comuni-

* N. de R.T. Geralmente, no Brasil, utilizamos os termos organização do espaço físico e organização do tempo.

dade que se tornam cada vez mais familiares à medida que expandem as nossas salas para o bairro, o zoológico, a beira do rio, o clima, as estações, a horta comunitária e as casas das famílias.

Outras estruturas giram em torno do tamanho e da natureza dos agrupamentos: de aleatórios a organizados, do todo às partes, do grande ao pequeno, do individual ao par e ao grupo, de professor a criança, criança a criança, criança a professor, professor a professor, professor aos pais, e vice-versa. Informações, ideias, experiências, pensamentos, divagações, desejos, amizades e amor viajam dentro desses grupos e entre eles, em um vaivém constante. Essas são as conexões que realmente importam entre os "blocos constitutivos da matéria".

Relacionamentos

Margaret Wheatley (1999, p. 153) escreve que "a matéria não importa". O que importa são os relacionamentos. Essa é a teoria que os educadores de Reggio Emilia, influenciados por Bateson, Maturana e Varela, entre outros, colocaram em prática de maneira tão primorosa em suas escolas. Como temos estudado a abordagem de Reggio Emilia desde 1992, essa prática continua a nos apresentar o desafio cotidiano de notar e valorizar o "entre", o que exige uma alternância entre figura/fundo. Queremos procurar os lugares, os espaços, os momentos, as posturas e as práticas que cultivam o nascimento de ideias, que as alimentam e as colocam em ciclos intermináveis. Esse modo de aprender raramente é linear. Não existem ideias fixas que são consumidas e se tornam propriedade de uma criança ou adulto. As ideias estão em circulação constante, como o ar, o oxigênio, o alimento, as nuvens e o clima. Tudo é influenciado por tudo, e é atrás disso que estamos. Esse é um modo de trabalhar que cultiva o pensamento criativo em todas as partes da escola.

À medida que damos cada vez mais ênfase às experiências que nos rodeiam, às ideias que crescem entre nós e ao contexto que nos envolve, tornamo-nos profundamente cientes de que necessitamos uns dos outros e da nossa interdependência. Entendemos que estamos em uma viagem ao desconhecido. Dependemos uns dos outros para viajar bem, para cuidar uns dos outros, para descobrir o que é importante e vital e para fazer alguma diferença no mundo.

Com o passar do tempo, pela atenção cuidadosa aos processos de documentação usados nas escolas de Reggio Emilia e usando tentativa e erro, estamos aprendendo a produzir sentido a partir de ideias em processo. Acompanhamos os fragmentos de ideias e continuamos a analisá-los juntos, como professores e alunos, até que comecem a tomar forma e a fazer sentido. Fazemos isso com pedaços de papel, com uma tela de computador, com uma gravação de áudio, com uma gravação de vídeo e com filmes. Podemos registrar as ideias de crianças e professores em um caderno na reunião da manhã, gravar e transcrever conversas em pequenos grupos, nas quais exploramos ideias juntos, ou acompanhar e anotar o pensamento de uma criança à medida que ela imagina e cria uma teoria ou constrói uma estrutura. Precisamos de um registro, de uma trilha que rastreie de onde viemos como história, como base, como pano de fundo e como estrutura para onde estamos indo. Avançamos à medida que construímos um contexto, uma história e uma cultura.

Wheatley (1999) usa muitas metáforas para descrever a sensação de trabalhar juntos, dentro desse novo paradigma de sistema vivo. Consideramos o seguinte trecho particularmente útil:

> Aqueles que usaram metáforas musicais para descrever como é trabalhar juntos, principalmente metáforas com *jazz*, estão sentindo a natureza desse mundo quântico. Esse mundo exige que estejamos presentes juntos e que estejamos dispostos a improvisar. Concordamos em relação à melodia, ao andamento e à afinação e, depois, tocamos. Ouvimos cuidadosamente, nos comunicamos constantemente e, de repente, temos música, possibilidades além de qualquer coisa que tenhamos imaginado. A música vem de outro lugar, de um todo unificado que acessamos entre nós mesmos, uma relação que transcende nosso falso sentido de separação. Quando a música surge, não podemos evitar a admiração e a gratidão. (WHEATLEY, 1999, p. 45).

SISTEMAS: UMA VISÃO MACRO E MICRO

Ficamos admirados e gratos pela experiência narrada a seguir, a qual faz parte da nossa história. De muitas maneiras, ela revela as qualidades da vida diária de crianças e adultos que conversam, pensam, refletem, escrevem, desenham, pintam e encontram prazer em estar juntos na escola. Um aspecto central dessa história é como o conceito do ateliê expande as interconexões entre lugares e eventos a toda a comunidade escolar. Embora comece com o acontecimento principal que abre um projeto e uma visão geral de como este se desenvolveu, o centro da história a seguir é a documentação estudada sobre um dia, 15 de maio de 2003, até o fim do ano letivo e do projeto. Fomos desafiados por uma amiga e colega de Reggio Emilia, Vea Vecchi, atelierista por 30 anos na Diana School, a acompanhar minuciosamente um dia para ver como seu contexto ilustra, de forma específica e concreta, os sistemas que sustentam o nosso trabalho. Aceitamos o desafio.

Venha viajar conosco na busca de luz e do milagre da vida cotidiana nas salas das crianças de 4 e 5 anos, no porão da St. Michael School, onde Chuck era atelierista. A partir da perspectiva da escola como um sistema vivo, examinaremos o desdobramento do projeto e um dia inserido nele.

Um acontecimento inesperado na sala referência

Na manhã de 12 de setembro de 2002, enquanto as crianças sentavam-se para o encontro matinal, algumas notaram um círculo de luz refletido no teto. O reflexo era bastante animado; ele saltava pela sala, do teto para as paredes e, depois, para o chão. Outras crianças iam chegando e também notavam esse fenômeno, e uma onda de animação começou a tomar conta da sala. Nesse momento, Chuck estava sentado nos degraus da sala, fazendo anotações em seu caderno. O reflexo no teto era causado pela luz solar, que entrava por uma pequena janela do porão e refletia no vidro do seu relógio de pulso. Quando Chuck mudava a posição do braço, o círculo de luz saltava pela sala, movendo-se rapidamente do teto para as paredes ou o chão, e novamente de volta ao teto. Chuck mal notava o reflexo, mas as crianças o recebiam com gritos de extase. Elas estavam fascinadas com esse encontro impressionante, que causou muita alegria e fascinação entre todos.

As professoras Karen Schneider e Melissa Guerra se sentaram com as crianças para discutir esse fato surpreendente. Karen perguntou a elas: "O que é isso?". As crianças deram muitas ideias. Algumas a chamaram de "a coisa voadora"; outras diziam que era a "fada Sininho" ou o "Peter Pan". Uma menina disse: "É um reflexo"; outro menino: "É o sol!" (ver Figura 10.1).

Tudo no ambiente escolar é cheio de potencial para a aprendizagem das crianças. Ao mesmo tempo, nem sempre as diferentes partes do ambiente recebem atenção e valorização. A St. Michael Preschool fica no porão de uma igreja. Essa localização tem criado muitos obstáculos para os professores, que tentam enxergá-los não como barreiras que os impeçam de experimentar, mas, pelo contrário, como catalisadores que podem produzir soluções novas, inesperadas e inovadoras (ver também Capítulo 7).

As salas têm poucas janelas, com pouca ou nenhuma luz natural. As únicas janelas existentes são pequenas e retangulares, localizadas logo abaixo do teto. A luz solar incide sobre o porão somente durante um curto período do dia. Seria fácil pensar que essas janelas não proporcionam às crianças conexão com o ambiente externo e que, portanto, não podem enriquecer suas experiências.

FIGURA 10.1 As crianças ficam fascinadas com o encontro extraordinário.

O fato ocorrido em 12 de setembro de 2002 na sala das crianças de 4 e 5 anos da St. Michael School lembra-nos de que os elementos desvalorizados do ambiente podem tornar-se personagens poderosos na aprendizagem das crianças.

Essa ocorrência inesperada, quando a luz dançou pela sala do porão e as crianças responderam a ela, foi uma oportunidade cheia de potencial para aprendizagem, investigação e pesquisa continuadas. Após essa manhã excitante, os professores começaram a levantar hipóteses sobre o que essa experiência poderia significar para as crianças e para a sua aprendizagem. Os professores trocaram ideias, compartilharam algumas questões iniciais e se perguntaram: "Será que a excitação das crianças com a luz continuará por mais de um dia?". Os professores esperavam que a energia que sentiram durante um dos primeiros encontros matinais daquele ano pudesse dar suporte a algo maior.

Tínhamos práticas que serviam como estruturas para dar suporte ao desenvolvimento do trabalho de crianças e professores. Uma dessas práticas envolvia conversas e diálogos agendados sistematicamente entre crianças e professores, bem como entre os próprios professores. Outra era a prática de registrar conversas, revisitar ideias e refletir juntos sobre as ideias mais instigantes.

RELACIONAMENTOS CONTÍNUOS E DIÁLOGOS PERMANENTES

Na St. Michael School, os professores da pré-escola acompanham as crianças por um ciclo de três anos, começando aos 3 anos de idade e culminando quando terminam a educação infantil. Quando ocorreu o evento da luz refletida, crianças e professores estavam começando o segundo ano juntos como turma. Os professores conheciam as crianças e as qualidades e características específicas que traziam para a sua aprendizagem.

No começo de cada ano, os professores compartilham suas observações entre si e as usam para desenvolver intenções. Karen e Melissa haviam observado a riqueza emergente nos encontros matinais com o grande grupo no ano anterior e tinham intenções específicas escritas de promover essa riqueza no novo ano letivo:

> No ano passado, começamos a notar que, à medida que o ano avançava, as conversas em grupo tornavam-se cada vez mais ricas. Havia um agradável espírito cooperativo na sala. As crianças começaram a ter vínculos formados a partir de conversas e diálogos colaborativos. Embora também possa ser um trampolim ou uma semente para experiências futuras, o próprio ato de conversar já é uma experiência. Esse sentido de propósito no ambiente social permeia a reunião matinal do grupo, assim como o dia escolar como um todo. Neste ano, uma professora fará anotações durante cada encontro, a fim de documentar as ideias expressadas, de modo que possamos acompanhar as conversas e ideias das crianças à medida que se desenvolvem ao longo do tempo.

Para garantir que essa intenção se tornasse realidade, os professores criaram um caderno, que chamaram de Diário do Encontro Matinal. Esse diário foi criado para captar os diálogos das crianças sobre muitos temas importantes que ocorrem todos os dias. Uma professora facilitava o encontro com as crianças, enquanto a outra fazia anotações. As professoras desempenhavam os dois papéis de um modo que incluía as crianças como participantes ativas. Depois do encontro, essas anotações eram passadas para o diário. O Diário do Encontro Matinal era um conjunto básico de informações que permitiu que o projeto *Luz solar e reflexo* tomasse forma. Os professores registravam os pensamentos e as ideias das crianças no diário e os utilizavam como catalisadores para organizar e promover novas experiências (ver Figura 10.2).

No começo do projeto, a conversa cooperativa no encontro matinal era o principal veículo que as crianças usavam para apresentar e formatar suas ideias. O encontro inicial com a luz havia sido uma experiência coletiva, compartilhada por todos da turma. Dessa forma, quando uma criança dava uma ideia, as outras contribuíam ou respondiam a ela. As ideias começavam a emergir dentro do contexto do grupo e, à medida que isso acontecia, o envolvimento da classe crescia e se aprofundava.

No meio de uma dessas conversas após o acontecimento do reflexo da luz solar, Chuck perguntou às crianças: "Como o círculo de luz foi parar no teto?". As crianças tinham muitas explicações a oferecer. Algumas delas fizeram conexões imediatas entre a luz e o relógio dele, ao passo que outras tinham teorias diferentes. Os professores escutaram cuidadosamente todas as ideias das crianças.

John começou dizendo: "O relógio faz ela subir no teto".

Continuando essa ideia, Jamie disse: "A luz está refletindo pelo buraco, refletindo no relógio e refletindo no teto".

FIGURA 10.2 Registrando os pensamentos e as ideias das crianças no Diário do Encontro Matinal.

Catherine acrescentou: “Talvez ela tenha subido lá”.

“Talvez uma das câmeras esteja fazendo isso”, comentou Steven, ao notar a lente da câmera de Chuck.

Com uma voz bastante confiante, Ian disse: “É um reflexo. Ele vai da janela para a parede”.

Jamie ponderou por um minuto e comentou: “Acho que um reflexo é uma coisa que brilha na gente”.

John John especulou: “Como podemos fazer reflexos?”.

Os professores usaram perguntas como a de John John como oportunidades para atingir o que pretendiam. As crianças inspiraram os professores a avançar para território incerto, porém fértil. Quando a luz entrou na sala nesses primeiros dias de setembro, o comprometimento com a conversa cooperativa e intencional foi fortalecido. O fato de conhecerem uns aos outros e de saberem que tinham outro ano letivo inteiro pela frente conectava o passado não apenas ao presente, mas também ao futuro. Nas semanas e meses seguintes, crianças e professores tiveram muitas ideias, oriundas do seu interesse pelo reflexo no teto, seu forte relacionamento, seu conhecimento mútuo e suas práticas estabelecidas como comunidade de aprendizagem.

Visão geral do projeto *Luz solar e reflexo*

A seguir, apresentamos uma síntese de como as experiências com a luz solar e o reflexo evoluíram e se transformaram em um projeto de longo prazo, durante todo o ano letivo. Esse levantamento de acontecimentos deve proporcionar um ponto de vista a partir do qual possamos enxergar o projeto como um todo. É apresentado aqui como uma sequência abreviada de fatos para situar o projeto no tempo e no espaço. As experiências discutidas mais adiante neste capítulo podem ser analisadas e entendidas mais plenamente depois que esse contexto extenso estiver compreendido. Embutidas na pesquisa, você reconhecerá as estruturas de sistema que foram apresentadas no começo do capítulo. Por exemplo, estruturas temporais, estruturas espaciais, tamanho e natureza de agrupamentos e registros de pensamentos e ideias em palavras e outros meios são analisados, selecionados e trabalhados, buscando uma experiência e uma aprendizagem com cada vez mais camadas e compartilhamento em um nível profundo.

- Durante as primeiras semanas de aula, em setembro, as crianças notaram o reflexo da luz solar no teto da sala. Elas responderam com muita animação e curiosidade.
- Os professores já haviam se organizado para documentar o diálogo das crianças no encontro matinal com o grande grupo. Como a luz entrava na sala principalmente pela manhã, a reunião do grande grupo foi o fórum central, onde as crianças falavam sobre luz e reflexo.
- Os professores informaram aos pais sobre o interesse das crianças na luz e no reflexo em uma reunião noturna, em outubro. As conversas das crianças foram compartilhadas com os pais usando um retroprojetor. Juntos, eles discutiram a curiosidade e o entusiasmo das crianças e o potencial de aprendizagem que essas qualidades ofereciam durante o ano letivo.

- Os professores convidaram Louise Cadwell a se reunir com eles para promover o desenvolvimento das experiências com a luz solar. Ela concordou em visitar a sala periodicamente e apresentar suas observações, ideias e questões à medida que o projeto avançasse.
- Na tentativa de envolver as famílias na pesquisa, enviamos uma carta aos pais, pedindo que ajudassem as crianças a pensar sobre quais objetos fariam reflexos. As crianças trouxeram os objetos para a escola. Entre eles, estavam adesivos brilhantes, pequenos espelhos, cata-ventos, joias e pequenos globos espelhados. As crianças testaram seus objetos à luz solar para descobrir quais fariam reflexo (ver Figura 10.3). A seguir, esses objetos foram colocados em uma cesta no chão da sala, onde as crianças poderiam usá-los ao longo do dia.
- As crianças observaram os objetos e observaram os reflexos que eles geravam em diferentes momentos do dia. Crianças e professores criaram um móbile dos objetos reflexivos trazidos de casa e o penduraram no teto, perto da janela da sala.
- As crianças questionaram e discutiram como a luz solar entrava na sala nos diversos momentos do dia. As quatro janelas foram numeradas, para que elas pudessem identificá-las facilmente.
- Duplas de crianças alternaram-se, observando o céu da manhã para prever se o sol brilharia naquele dia. As crianças informaram as condições climáticas para a turma, e os professores documentaram os resultados em um pequeno diário.
- Em um evento familiar noturno, realizado em janeiro, crianças e pais criaram móbiles com objetos reflexivos para levar para casa (ver Figura 10.4).
- Os professores revisaram as transcrições das conversas das crianças nas reuniões matinais e fizeram listas dos interesses das crianças, agrupando os interesses e as ideias delas em categorias. Depois, as crianças trabalharam em grupos pequenos para investigar alguns dos seguintes temas:
  - *Luz e cores.* A ideia de que as cores partem da luz solar surgiu quando uma criança trouxe um CD. Ao ser colocado sob a luz, o CD criou um lindo arco-íris. As crianças experimentaram prismas de vidro e materiais transparentes e apresentaram suas ideias sobre o reflexo. Além disso, usaram arame e papel transparente para fazer um arco-íris que representasse suas ideias de como os arco-íris se formam.
  - *Teorias sobre o sol e a luz.* Ao descobrir que a luz solar entra por janelas diferentes em diversos momentos do dia, as crianças começaram a discutir e explorar ideias relacionadas com a mudança do tempo. Isso levou a conversas sobre o movimento do sol, da lua, dos planetas e dos sistemas solares. Grupos de crianças trabalharam de forma colaborativa em histórias criativas sobre o sol e a lua, as quais foram ilustradas com canetinha e aquarela.

FIGURA 10.3 As crianças observam objetos e notam os reflexos que eles fazem em diferentes momentos do dia.

FIGURA 10.4 Em um evento noturno com os familiares, as crianças e os seus pais criaram móbiles de objetos reflexivos para levar para casa.

  - *Aonde vai o sol quando não está ensolarado?* Às vezes, não havia luz solar na sala, pois estava nublado lá fora. A pergunta das crianças – "Aonde vai o sol quando a gente não consegue ver?" – gerou investigações sobre as nuvens e, por fim, nuvens de chuva. As crianças expressaram suas ideias sobre como as nuvens de chuva funcionam usando desenhos e, depois, fizeram nuvens com arame, miçangas e tecido.
  - *Combinando dramatização e luz.* Os professores observaram as crianças usando os objetos reflexivos em dramatizações. As crianças pintaram grandes murais com tinta acrílica sobre plástico transparente, representando o céu do dia e o da noite. Os murais foram pendurados na sala e usados em combinação com episódios de peças de teatro.
- No fim do ano escolar, os professores apresentaram as experiências com luz solar e reflexo aos pais. Livros com o trabalho das crianças a respeito dessas experiências foram dados de presente às famílias.

Uma cultura de pensamento coletivo

Conforme já afirmamos, a prática do diálogo é fundamental para o nosso trabalho. O diálogo regular pode promover e sustentar uma cultura e uma comunidade que pensa coletivamente. O pensamento coletivo é um dos vínculos que conecta o ateliê à sala referência, os espaços dentro da sala entre si, cada sala à escola como um todo e, no nosso caso, a St. Michael School às outras escolas participantes do St. Louis Collaborative. Foram organizados diferentes tipos de reuniões, havendo trocas informais em diversos momentos do dia, da semana, do mês e do ano. As conversas, planejadas ou não, foram essenciais para a evolução do trabalho. Foi no contexto desses encontros que refletimos sobre a aprendizagem das crianças, trocamos ideias, criamos novos entendimentos e nos organizamos para novas experiências. O pensamento cooperativo, em que perspectivas múltiplas são compartilhadas, é essencial ao indivíduo e ao crescimento coletivo de professores que consideram o ambiente escolar uma organização aprendente. Essas conversas se tornam catalisadoras para novos modos de abordar a aprendizagem das crianças, para formar conexões e para criar algo coletivamente, que não imaginaríamos sozinhos. Enraizadas na ideia do ateliê como espaço conceitual, essas práticas ocorrem em muitos locais da escola e entre diversos membros da comunidade.

Os professores da St. Michael School se reuniam com o atelierista, Chuck, aproximadamente uma vez por semana ao longo do ano para discutir iniciativas para a sala referência e o ateliê. Durante o processo do projeto da luz solar, Louise participou periodicamente dessas reuniões. Essa foi uma estrutura temporal de comum acordo, que dava suporte ao desenvolvimento do trabalho. Como professores do St. Louis Collaborative, continuamos a aprender a desempenhar os papéis de formadores dos colegas, questionadores, analistas, provocadores e coprofessores uns para os outros. Com o passar dos anos, muitos de nós tiveram a oportunidade de trabalhar não apenas em nossas próprias escolas, mas também nas escolas uns dos outros. Apresentamos as visões de colegas que vivem e respiram sistemas e práticas semelhantes, mas que, ao mesmo tempo, podem enxergar o trabalho a partir de uma perspectiva diferente.

A reunião descrita a seguir ocorreu em 14 de maio de 2003, antes do dia que deveria ser documentado, 15 de maio, conforme mencionado anteriormente. Portanto, o evento sobre o qual você lerá começa com uma reunião de professores na tarde de 14 de maio e continua na manhã de 15 de maio (ver Figura 10.5). De vez em quando, gravávamos em áudio ou vídeo uma reunião de professores ou uma reunião de pais, sobretudo com a finalidade de compartilhar nosso trabalho com outros educadores. Como de costume, cada professor fazia suas próprias anotações nessas reuniões, e, algumas vezes, as atas eram feitas por alguém designado para isso. Gravamos essa reunião, uma vez que seria o início oficial do nosso dia documentado em 15 de maio.

A qualidade que merece ser citada nessa reunião é a sua normalidade. Ela oferece um exemplo de nosso modo de pensar sobre o que fazer a seguir com diversas informações e ideias. É uma reunião real sobre professores reais tomando decisões cotidianas. Ainda assim, as decisões baseiam-se em nossa confiança no processo de diálogo e nossa esperança de que ideias novas, maravilhosas e sólidas nasçam de nossos encontros mútuos, de nossas experiências e perspectivas individuais e de nossas intenções comuns.

FIGURA 10.5 A reunião de 14 de maio para organizar o trabalho futuro.

Karen, Melissa, Chuck e Louise sentaram-se juntos no ateliê no fim da tarde, com uma sensação de abertura e expectativa, enquanto se preparavam para discutir e organizar os últimos dias de aula, que se aproximavam. Logo após a reunião começar, Karen compartilhou algumas das suas observações recentes sobre as dramatizações das crianças:

Karen: Às vezes, mas nem sempre, as dramatizações das crianças têm sido ditadas pelos reflexos que foram criados pelos objetos que tínhamos na sala referência. Quando o sol entrava pela janela, ele incidia sobre os globos espelhados, e as crianças os colocavam em lugares diferentes da sala. Então, elas diziam: "são as estrelas" ou "embaixo d'água". Provavelmente, não documentamos isso muito bem ou não valorizamos tanto quanto poderíamos. O que poderíamos fazer para ter novas experiências que desenvolvessem essa ideia da luz como personagem?

Louise: Nunca ouvi falar nisso antes. Nunca ouvi dizer que a luz refletida pudesse ser uma personagem.

Chuck: As crianças usam dramatizações o tempo todo, mas nem sempre valorizamos isso como uma linguagem. Além disso, acho que os episódios mais poderosos de dramatização ocorrem quando vários elementos diferentes se unem.

Louise: E se você mobilizasse essa ideia da "personagem" da luz? Tem mistério nisso. Quando vai aparecer? O que vai fazer? O que as crianças farão com ela? Dançar? Mover? Fingir?

Karen: Elas adoram dançar com a luz, e pedem isso.

Louise: Talvez elas pudessem procurar a luz e ter uma resposta dramática a ela. Poderíamos observar o que elas fazem.

Karen: Acho que as crianças ficariam bastante animadas em fazer isso.

Louise: E se você perguntasse a elas: "Que tipos de coisas vocês acham que podemos fazer" e "Vocês vão usar fantasias"? Além disso, seria bom se elas pudessem ter um espaço vazio e, em termos ideais, um grupo pequeno.

Melissa: A luz sempre está sobre a pequena plataforma dos blocos. Aquela área sempre recebe luz. Talvez pudéssemos dizer: "Vocês lembram quando fingimos que as luzes eram o céu e as estrelas?". Talvez elas fingissem estar na lua, esperando a luz chegar.

Louise: Talvez as luzes sejam outra coisa – não estrelas ou um foguete.

Melissa: Ah, então uma pergunta melhor seria: "O que elas poderiam ser?".

Louise: Acho que esse tipo de pergunta deixa tudo mais aberto às novas interpretações que as crianças podem fazer. Também acho que poderia haver som. Se o grupo estiver esperando a luz, você pode perguntar: "E se a luz tivesse um som, como seria?".

Melissa: Ah, luz e som juntos!

Louise: Talvez uma criança pudesse se responsabilizar por dar um som para a luz. Então, outra criança espera a próxima luz e atribui um som a ela. Não sei como organizar isso estruturalmente.

Melissa: Em um grupo pequeno, com certeza. Estou pensando: deslocar a pequena plataforma dos blocos para abrir espaço; preparar alguns instrumentos naquele espaço; e falar com eles antes de a luz chegar.

Karen: Mas é melhor os instrumentos não ficarem perto demais da plataforma dos blocos, pois Chuck provavelmente estará com um grupo no miniateliê. Eles ouvirão o barulho.

Chuck: Mas não seriam apenas sininhos e coisas?

Louise: Eu tenho sinos! Era nesse tipo de coisa que eu estava pensando. Sons tilintantes. Como a fada Sininho.

Melissa: Lembrem-se de que, no começo do projeto, em setembro passado, as crianças disseram que as luzes eram a fada Sininho!

Chuck: Essa foi uma das primeiras ideias. Está na primeira conversa.

Louise: Se estiver ensolarado e isso acontecer, pode ser uma boa ideia preparar para filmar.

Chuck: Podemos fazer isso.

Essa reunião aprofundou a nossa visão sobre o trabalho das crianças e nos ajudou a imaginar novas conexões que poderiam ser estabelecidas entre as experiências passadas e as possibilidades atuais. As descrições de Karen e Melissa sobre como as crianças usaram objetos reflexivos em suas dramatizações foram um elemento fundamental. Esse pensamento produtivo e coletivo levou à organização de uma provocação aberta, em que as crianças esperariam pela luz solar e responderiam com voz, instrumentos, movimento e imaginação.

Os professores levantaram a hipótese de que essa experiência, em um grupo pequeno, expandiria a compreensão e a relação das crianças com a luz refletida. Além disso, ampliaria o papel individual e coletivo dos materiais ao ampliar as possibilidades de aprendizagem das crianças.

Essa ideia de encontrar novos modos de combinar luz, seu reflexo, instrumentos musicais, movimento, dança e dramatização era instigante para os professores, e eles começaram a se preparar. Os professores concordaram que Melissa coordenaria uma experiência com um grupo pequeno, envolvendo luz solar, dramatização e som. Juntos, prepararam perguntas para Melissa fazer às crianças. Eles fizeram uma lista de tipos de sinos e outros instrumentos musicais que Melissa ofereceria às crianças na manhã seguinte. A preparação também incluiu como o espaço da sala referência seria usado para esse pequeno grupo e os outros dois grupos de crianças, que estariam trabalhando com Karen no ateliê e com Chuck em outro espaço da sala.

Projeções em ação: transcorre o dia seguinte

A manhã seguinte à reunião dos professores foi movimentada na sala das crianças de 4 e 5 anos. Os professores estavam ansiosos para começar o dia, na expectativa pelas três experiências em pequenos grupos que haviam organizado para a manhã. Algumas crianças trabalhariam no ateliê, com Karen, para discutir e desenhar suas ideias sobre as nuvens de chuva. Chuck estaria no miniateliê da sala referência com outras crianças, misturando cores para um novo mural, e Melissa coordenaria o grupo de luz solar, som e dramatização.

Antes de começar o trabalho com seu pequeno grupo, Chuck chegou ao encontro matinal com uma grande pintura que representava o céu de dia, feita por várias crianças durante a semana. A pintura fora inspirada por um menino que havia sugerido que fizessem murais do céu para usar como panos de fundo na área de artes dramáticas. Todas as crianças gostaram da ideia, que era fazer duas grandes pinturas do céu – uma para o dia e outra para a noite. Nessa manhã, um grupo de crianças começaria a misturar as cores com Chuck para o mural do céu noturno.

As crianças que haviam criado a pintura do céu diurno explicaram ao resto da turma como ela tinha sido feita. Contaram as razões para as escolhas de cor e que desenharam com lápis antes de trabalhar com tinta.

Enquanto olhava a pintura, um menino perguntou em voz alta: "Vocês sabiam que sempre há nuvens de noite?". Isso levou a uma discussão animada sobre o céu à noite. As crianças questionavam juntas: "Existem nuvens no céu de noite? Como a gente ia conseguir ver as estrelas e a lua se tivesse nuvens de noite?". Muitas crianças tinham opiniões firmes, e nem todas concordavam. À medida que a conversa avançava, Melissa gravava as ideias das crianças para consulta futura. Depois de um pouco de discussão sobre a logística do dia, o encontro matinal foi concluído, e as crianças se dispersaram para seus grupos pequenos.

Teorias sobre nuvens de chuva. Karen e um grupo de crianças foram para o ateliê para discutir sobre as nuvens de chuva. Esse grupo já havia feito duas nuvens grandes usando arame, miçangas e tecido, e tinha muitas ideias para compartilhar entre si. Enquanto as crianças caminhavam para o ateliê, Emma disse às outras: "Quando as nuvens ficam cinza, significa que elas estão enchendo de água".

As crianças sentaram-se ao redor da mesa, e Karen ligou o gravador (ver Figura 10.6). Depois de alguns minutos de diálogo, a conversa girou em torno de como a água pode cair de uma nuvem durante uma tempestade e que, de alguma forma, ela volta para a nuvem.

Angela disse: "O meu pai me falou da chuva. Primeiro, tem água nos rios e nos lagos, e a chuva sobe até as nuvens e depois fica indo e voltando. Para cima e para baixo". "Então é um ciclo?", perguntou Karen. "É, como quando dizemos que é de dia e de noite. Indo e voltando", respondeu Angela, referindo-se a uma conversa que havia acontecido antes no grande grupo.

Emma entrou na conversa: "Eu preciso falar uma coisa. A água dos rios evapora. Ela sobe até as nuvens. E depois ela desce". "Como você enxerga ela subir?", perguntou Renee. "Não se vê ela subir", retrucou Angela. Renee pensou em voz alta: "Ela fica invisível? Acho que se vê a água quando ela sobe". Angela esclareceu a sua ideia: "Não se pode ver a água quando ela sobe. As gotas de água são muito pequenininhas".

"Achei que você estava dizendo que subia como uma cascata. Rápido como uma cascata. Era isso que eu achava que você estava dizendo!", disse Renee, notando a diferença entre a sua ideia e a de Angela.

A conversa continuou, e as crianças discutiram como poderia ser dentro de uma nuvem. Depois da conversa, Karen pediu-lhes para desenharem suas ideias. Cada criança fez vários desenhos com base nas ideias discutidas (ver Figura 10.7).

FIGURA 10.6 As crianças e Karen conversam a respeito de teorias sobre nuvens de chuva.

FIGURA 10.7 Representação de Angela sobre o ciclo da evaporação.

Cores do céu noturno. De volta à sala referência, Chuck havia preparado o miniateliê, colocando na mesa potes de tinta, potes vazios e colheres para misturar. O propósito dessa experiência naquela manhã era misturar cores que seriam usadas depois para pintar o mural. Anteriormente, na semana, ele havia perguntado às crianças: "Que cores vocês precisam para fazer o céu da noite?". As crianças especificaram que precisariam de tinta azul, cinza e preta. Essas cores, juntamente com muitas outras, estavam prontas para as crianças usarem.

Cada criança começou com três potes de tinta, um de cada cor, com tinta até a metade. Havia outros potes vazios para as crianças colocarem a tinta. Elas começaram a misturar a que estava nos potes cheios nos vazios (ver Figura 10.8), usando colheres grandes para transferir a tinta de um pote a outro. Em pouco tempo, novos tons brilhantes de cada cor apareceram nos potes. Quando as crianças estavam satisfeitas com as novas cores misturadas, os potes foram retirados da mesa e guardados para serem utilizados no mural.

Chuck documentou as ideias de cada criança enquanto elas trabalhavam, fazendo anotações em um diário e tirando fotografias com a câmera (ver Figura 10.9). Enquanto trabalhavam, as crianças conversavam sobre as estrelas e disseram a Chuck que também precisariam de tinta amarela e prateada. A experiência era uma sinfonia de vozes de crianças e sons de tintas escorrendo, sendo misturadas e agitadas.

FIGURA 10.8 Crianças misturando e selecionando cores para o mural do céu noturno.

FIGURA 10.9 Cores para o céu noturno.

Luz solar, som e dramatização. Fora do prédio da escola, as nuvens da manhã estavam desfazendo-se, e manchas de céu começavam a aparecer. Na sala referência, Melissa havia preparado uma área da sala perto das janelas para o seu pequeno grupo. Ela havia colocado duas cestas no chão, uma contendo objetos reflexivos e outra com pequenos instrumentos musicais. Sentou-se com quatro crianças no chão e conversaram enquanto esperavam a luz solar entrar pelas janelas.

Imediatamente, John John observou as condições encobertas e disse: "Tem uma luz fraquinha hoje".

Um raio de sol apareceu e Ellie exclamou: "A luz!".

"Não está mais fraquinha!", gritou Melissa.

John John acrescentou: "Podemos fazer reflexos e sombras também!".

Melissa tinha consigo o Diário do Encontro Matinal, que continha as conversas anteriores das crianças. Ela lembrou às crianças da primeira vez em que notaram o reflexo, em setembro: "Vocês se lembram de quando vimos o reflexo do relógio do Chuck no teto?". As crianças responderam que se lembravam.

Então, ela leu o diário para as crianças: "Naquele momento, perguntamos a todos: 'O que é isso?'. As pessoas disseram que era uma coisa voadora, uma espaçonave, ou talvez a fada dos dentes. Bom, se as luzes que vemos hoje tivessem um som, como vocês acham que seria esse som?".

Catherine disse: "A fada Sininho".

Ellie concordou e acrescentou: "Um sininho".

"Eu tenho uma cesta cheia de sinos e outros instrumentos, e achei que talvez vocês pudessem escolher alguns e tentar fazer o som que acharem que a luz poderia fazer". As crianças escolheram os que queriam experimentar primeiro.

Melissa continuou: "Se tiver bastante luz hoje e o globo espelhado fizer reflexos, que tipo de som os reflexos farão?".

Catherine exclamou: "Um barulhão!".

John John, cativado por essa ideia, acrescentou: "Sim, podemos fazer isso ao mesmo tempo! Seria um *chuuuuuch*! Podemos contar até dois, e depois ele toca!".

Ellie sugeriu uma ideia diferente: "Talvez pudesse ser um barulho suave".

John disse: "Ou muitos barulhinhos".

John John continuou com a ideia do som alto: "Se você fizer muitos, pode espantar a luz!".

"E aí não poderíamos fazer", concluiu Jamie.

As crianças alternavam-se, colocando objetos reflexivos onde achassem que a luz refletiria. De repente, a luz solar chegou e apareceram reflexos pela sala. As crianças imediatamente fizeram muitos sons com as sinetas, todas ao mesmo tempo. Depois de um minuto, a luz solar diminuiu, e as crianças trocaram instrumentos. Esse ciclo de trocar instrumentos e experimentar com os sons e a luz repetiu-se várias vezes.

Melissa sugeriu que as crianças tentassem individualmente. Jamie decidiu que queria fazer um barulho suave e tocou seu sino cuidadosamente para a luz.

John John anunciou que queria fazer "um monte de barulhinhos" e bateu muitas vezes em seu triângulo quando os reflexos surgiram. Catherine notou a luz refletida no teto e disse: "Eu quero me deitar". Ela se deitou de costas e tocou um sino enquanto olhava os reflexos no teto. "É suave e forte", disse.

Subitamente, as crianças notaram que os reflexos estavam sobre seus corpos. Jamie gritou: "Está em você! Está na sua boca. Está na sua bochecha!".

Melissa disse: "Vejam, está na perna de John John!". Todos caíram na risada.

"Está no meu pé, ou estava", disse John John, enquanto olhava o reflexo andar pelo chão.

"Está no seu pescoço!", declarou Jamie. John John apontou com o dedo e exclamou: "Está no seu cabelo!".

Ao notar as miçangas e os brilhos nos sapatos de Catherine, Jamie anunciou uma nova ideia: "Eu sei o que pode brilhar: os sapatos da Catherine!". Todos concordaram, e os sapatos foram colocados sob a luz do sol. Instantaneamente, pequenos reflexos cobriram o chão (ver Figuras 10.10 e 10.11).

Nesse momento, as crianças não conseguiam mais se conter. Jamie perguntou a Melissa: "Podemos dançar com eles?". Todas as outras crianças concordaram com o desejo dele. Melissa aceitou, e as crianças se levantaram e dançaram pela sala com muito entusiasmo.

"Estamos dançando! Estamos dançando!", exclamaram enquanto se mexiam.

A sala havia sido completamente transformada. Reflexos do globo espelhado e dos sapatos de Catherine pontilhavam as paredes e o chão. Melissa tocava os sinos enquanto as crianças dançavam com a luz solar e os reflexos.

O que as crianças estão aprendendo?

Usamos uma lente de aumento para analisar os sistemas durante um dia, bem

FIGURA 10.10 Reflexos do globo espelhado e dos sapatos de Catherine salpicados pelas paredes e pelo chão.

FIGURA 10.11 Experimentando com som e luz.

como a história específica daquele dia. Na condição de professores que pensavam em como o dia havia sido, que sentido tiramos dele? Como ele pode nos informar sobre o projeto como um todo e, ainda mais, sobre nosso modo de trabalhar dentro de um contexto sistêmico? O que as crianças estão aprendendo durante este ou qualquer projeto é fundamental. Em uma perspectiva sistêmica, nossas perguntas passam a ser as seguintes:

- O que todos nós, crianças e adultos, aprendemos em virtude do modo como imergimos nos processos, na profundidade e na amplitude e nas qualidades relacionais da nossa experiência?
- Se atribuirmos valor aos relacionamentos acima de tudo, o que mudou em nossa compreensão da luz e de outros elementos do nosso mundo devido a esse projeto e a tudo que aconteceu a partir dele?
- O que as estruturas temporais, as estruturas espaciais, os agrupamentos diversos, os diálogos, os registros e as reflexões em palavras e outros meios nos possibilitaram aprender?

Começamos com a intenção de aprender de forma ampla e profunda, todos nós, de um modo que fosse expansivo, transdisciplinar e relacional. O conhecimento, as habilidades, as posturas e os comportamentos que vêm dessa forma de aprender são maiores do que a soma das partes. Havia uma integralidade oriunda da nossa jornada de aprendizagem, que se manifesta tanto no todo quanto no dia específico que acompanhamos aqui. As crianças atingiram níveis elevados de habilidade científica, não porque lhes ensinamos, mas porque suas descobertas se deram de maneiras importantes e significativas. Certas partes da sua aprendizagem conectaram-se a outras e, juntas, manifestaram-se em algo maior do que pequenas informações discretas e mal definidas. As crianças tornaram-se especialistas no estudo da luz e, mais importante, pensadoras científicas hábeis e competentes, com perguntas de pesquisa para averiguar e resolver.

Durante o dia documentado e no decorrer do projeto, observamos evidências de aprendizagem dentro de ambientes de qualidade para crianças pequenas, conforme escrevem os membros do Education Development Center, com o apoio financeiro da National Science Foundation. Worth e Grollman (2003, p. 18-22) descrevem características de ambientes que refletem a aprendizagem científica. Esses ambientes:

- Baseiam-se nas experiências, nos históricos e nas teorias anteriores das crianças.
- Usam a curiosidade das crianças e as incentivam a buscar suas próprias questões e a desenvolver suas próprias ideias.
- Envolvem as crianças na exploração aprofundada de um tema ao longo do tempo, em um ambiente cuidadosamente preparado.
- Incentivam as crianças a refletir, representar e documentar suas experiências e a compartilhar e discutir suas ideias com os outros.
- Inserem a aprendizagem no trabalho e nas brincadeiras cotidianas das crianças e são integrados a outros domínios.

- Proporcionam acesso a experiências científicas para todas as crianças.

Além disso, os autores sugerem que as ciências da Terra e do Espaço talvez sejam as ciências mais complexas:

> Para se entender a estrutura da Terra e sua história, seu clima e sua meteorologia, o sistema solar e o universo é necessário conhecimento de muitos conceitos relacionados à vida e às ciências físicas. Além disso, estudar as ideias das ciências da Terra e do Espaço significa pensar em escalas temporais longas, forças invisíveis e lugares distantes. (WORTH; GROLLMAN, 2003, p. 143).

Neste projeto, mesmo que não entendessem plenamente essas ideias complicadas, as crianças envolvidas as exploraram, ponderaram e teorizaram.

Quando consultamos uma rubrica para um boletim da educação infantil ao 6º ano no respeitado e influente livro *Educative assessment*, de Grant Wiggins (1998), ficamos intrigados ao descobrir que a maioria das crianças teria atingido o quarto nível, de oito, em termos de compreensão em ciências e habilidades de comunicação, demonstrado por seu envolvimento em investigação, observação, representação e comunicação do que aprenderam.

Além dessa amostra de conhecimento e habilidades em ciências e comunicação, revisamos *Learning and leading with habits of mind: 16 characteristics for success* (COSTA; KALLICK, 2008). Os autores descrevem 16 características observáveis do crescimento intelectual. Com base no trabalho de eminentes pesquisadores da inteligência e da criatividade, as seguintes características ocorrem repetidamente entre pessoas de todos os tipos que desenvolveram suas habilidades de raciocínio:

1. Ser persistente.
2. Controlar a impulsividade.
3. Escutar os outros com compreensão e empatia.
4. Pensar de maneira flexível.
5. Pensar sobre o pensamento (metacognição).
6. Buscar a precisão.
7. Questionar e formular problemas.
8. Aplicar conhecimento passado a situações novas.
9. Pensar e comunicar-se com clareza e precisão.
10. Coletar dados com todos os sentidos.
11. Criar, imaginar, inovar.
12. Reagir com admiração e encantamento.
13. Correr riscos com responsabilidade.
14. Encontrar o humor.
15. Pensar de forma interdependente.
16. Manter-se aberto à aprendizagem contínua.

Evidências do desenvolvimento de comportamentos intelectuais podem ser encontradas em crianças e adultos no Diário do Encontro Matinal, em anotações dos professores, em um arquivo de fotografias digitais, em documentários em vídeo, em observações de pais e professores sobre o desenvolvimento do interesse, do conhecimento e das habilidades das crianças com o passar do tempo e em perguntas, observações e trabalhos das crianças com diferentes meios, coletados ao longo do tempo e sequenciados. Todavia, para além até mesmo desses modos de avaliar o conhecimento, as habilidades, as posturas e os comportamentos, qual é a *gestalt* do conjunto? Como nos sentimos todos, agora, com relação a essa história de nossas vidas e ao que experimentamos e descobrimos juntos?

ASSUMINDO A COMPLEXIDADE

Como professores, procuramos compreender nossas experiências, os momentos de nossas vidas na escola, bem como o quadro mais amplo e as consequências possíveis das nossas ações. O pensamento sistêmico nos ensinou que a compreensão não é o simples processo de olhar os acontecimentos da vida como uma relação linear de causa e efeito. É difícil resistir à tentação de considerar o ensino como uma cadeia de fatos onde "A leva a B" e depois "B leva a C". A maioria das pessoas sempre interpretou suas vidas desse modo. Parece que essa visão não é mais possível em escolas onde a luz brilha por meio da janela de uma sala do porão, conecta uma miríade de eventos, processos e estruturas e, depois, dispara, agita e reflete a complexidade das vidas de um grupo de crianças e seus professores.

Essas experiências, e outras como elas, nos instruem a evitar o apelo e a conveniência de educar as crianças de maneira linear. Elas nos forçam a enxergar o ensino e a aprendizagem de um modo mais circular. A complexidade pode ser instigante. Ela pode nos forçar a olhar além da nossa influência sobre as crianças, a notar e abraçar seu profundo efeito sobre nós. Durante o projeto, Karen nos lembrou disso quando falou sobre essas experiências como "um presente das crianças".

A complexidade nos afasta de planejar uma aula pelo conteúdo que ensinaremos e nos faz procurar sistemas que nos organizem e nos preparem para pensar juntos. Nesse projeto, quando as crianças expandiram sua compreensão da luz refletida, isso não aconteceu isoladamente ou de maneira simples. Elas aprenderam sobre a luz refletida em conexão com uma série de outros elementos: luz refletida e música, luz refletida e movimento, luz refletida, dança e dramatização, luz refletida, cores e prismas e o sol, a lua e o céu. Às vezes, parecia que essas combinações e conexões ocorriam todas ao mesmo tempo. Em outras ocasiões, elas se fragmentavam e se desconectavam para se juntarem novamente como um todo que faria sentido de uma maneira nova.

Quando trabalhamos desse modo, descobrimos uma sensação renovada de nós mesmos como professores. As crianças, os pais e as experiências sempre em transformação, dentro e fora da escola, tornam-se parte dessa mistura complexa de eventos e da nossa realidade. Todos nós nos tornamos produtores de sentido dentro do espírito do ateliê conceitual. E, talvez mais importante, como aprendizes para toda a vida, nos aventuramos em locais onde a luz nos atrai – lugares onde nunca havíamos realmente estado antes.

REFERÊNCIAS

ALEXANDER, C. *A timeless way of building.* New York: Oxford University, 1979.

BATESON, G. *Mind and nature: a necessary unity.* New York: Dutton, 1979.

BOHM, D. *On dialogue.* London: Routledge, 1996.

CAPRA, F. *The web of life: a new scientific understanding of living systems.* New York: Anchor Books, 1996.

COSTA, A. L.; KALLICK, B. *Learning and leading with habits of mind: 16 characteristics for success.* Alexandria: Association for Supervision and Curriculum Development, 2008.

DUFOUR, R.; EACKER, R. *Professional learning communities at work: best practices for enhancing student achievement*. Reston, VA: Association for Supervision and Curriculum Development, 1998.

FULLAN, M. G. *Leading in a culture of change*. San Francisco: Jossey-Bass, 2001.

LAMBERT, L. *Leadership capacity for lasting school improvement*. Alexandria: Association for Supervision and Curriculum Development, 2003.

MATURANA, H. R.; VARELA, F. J. *The tree of knowledge: the biological roots of human understanding*. Boston: New Science Library, 1987.

SENGE, P. et al. *Schools that learn: a fifth discipline fieldbook for educators, parents, and everyone who cares about education*. New York: Doubleday, 2000.

WHEATLEY, M. J. *Leadership and the new science: discovering order in a chaotic world*. 2. ed. San Francisco: Berrett-Koehler, 1999.

WIGGINS, G. *Educative assessment: designing assessments to inform and improve student performances*. San Francisco: Jossey-Bass, 1998.

WORTH, K.; GROLLMAN, S. *Worms, shadows, and whirlpools: science in the early childhood classroom*. Portsmouth: Heinemann, 2003.

11

A história de um ateliê em uma escola pública do sul do Arizona

Pauline Baker

Meu primeiro contato com o trabalho das escolas municipais para crianças pequenas de Reggio Emilia aconteceu na conferência anual da Association for the Education of Young Children, em 1993. Eu mal sabia que esse primeiro encontro me levaria a transformar minha vida profissional e até a minha vida pessoal. Comecei a estudar tudo o que encontrava sobre essas escolas e participei de conferências onde pudesse encontrá-las. Quanto mais eu aprendia sobre a abordagem de Reggio Emilia, mais eu a adorava. Em 1997, participei da minha primeira viagem de estudos à cidade, e fiquei impressionada com a beleza e a integridade que vi lá.

Em 1998, dois professores de sala referência me convidaram para ser a professora de ateliê em seu programa de pré-escola na Van Buskirk Elementary School, uma instituição pública de Tucson. Escrevi um pequeno texto sobre essa experiência para a 1ª edição deste livro. Na primavera de 2004, fui convidada para ser a professora de ateliê no programa pré-escolar da Ochoa Elementary School. Demorou muitos meses para transformar uma antiga construção de madeira portátil em um ateliê que se tornaria o lugar de muitas aventuras maravilhosas com crianças. No momento em que escrevo este capítulo, estou em transição a um novo papel, em que colaborarei com a criação de um lugar de desenvolvimento profissional com o Tucson Children's Project, com foco na abordagem de Reggio Emilia e no papel do ateliê e dos materiais nos processos de ensino e de aprendizagem.

Neste capítulo, descreverei alguns dos princípios e práticas que se tornaram fundamentais para o meu trabalho e a maneira como interpreto o papel do ateliê.

ESTAR ABERTO A POSSIBILIDADES: O *DESIGN* É IMPORTANTE

Quando criamos espaços e oportunidades para crianças, um dos nossos maiores desafios é estar abertos a possibilidades, ou seja, a coisas desconhecidas e diferentes. Malaguzzi disse que "o mundo de uma criança deveria ser um mundo do possível" (comunicação pessoal),* e criar

* Comunicação pessoal com Loris Malaguzzi, em 1994.

esse "mundo do possível" no ateliê foi meu maior desafio e a maior alegria como professora de ateliê (ver a Figura 11.1).

A abordagem de Reggio Emilia consiste em abrir portas de forma democrática e profunda. É profunda porque essas portas levam a todos os tipos de mundos indefinidos. Como educadores, não nos parece fácil sair das caixas que definem o que fazer e a forma como o fazemos. Nas escolas municipais para crianças pequenas de Reggio Emilia, a educação constitui uma parte dinâmica de uma cultura e uma comunidade e, portanto, de uma democracia viva. Ao tentar emular o que está sendo feito lá, somos desafiados a incluir uma perspectiva política, um processo ativo de diálogo e uma participação em nossas comunidades. Somos desafiados a conceber espaços e experiências para crianças e adultos que nutram e promovam esses valores.

É fundamental para o meu papel como professora de ateliê conceber um lugar de pesquisa para crianças e adultos, onde eles possam usar materiais gráficos e tridimensionais (**materiais inteligentes**, como são chamados em Reggio Emilia) de muitas maneiras diferentes. Dessa forma, preciso fornecer uma variedade de oportunidades para que as crianças explorem esses materiais ao longo do tempo e, em seguida, tentem usá-los de diferentes maneiras e por diferentes motivos.

FIGURA 11.1 O ateliê jardim de paz foi inaugurado em janeiro de 2005.

Nas escolas de Reggio Emilia, tudo começa com uma forte crença na competência das crianças. Ao elaborar convites para as crianças no ateliê, muitas vezes crio uma variedade de áreas de pesquisa. Para fazer isso, aproveitei meus anos de experiência trabalhando em conjunto com crianças e aprendendo durante minhas conversas com professores. Ofereço vários convites que não se concentram imediatamente na criação de produtos, mas sim em apoiar as crianças na construção de relacionamentos com os materiais, as ferramentas e os processos do ateliê (ver Figura 11.2).

Os materiais não podem se tornar linguagens para a aprendizagem até que possam ser usados com intenção. Sem ter oportunidades de experimentar diferentes materiais e ferramentas para ver o que podem fazer, ou se forem julgadas pelos produtos de suas experiências, como as crianças poderão realmente desenvolver sua competência e confiança em suas cem linguagens?

É muito intenso testemunhar uma criança começando a se conectar com um material ou uma ferramenta e se envolvendo completamente em experimentar coisas novas. Tenho testemunhado tanta alegria e satisfação em crianças quando fazem isso! Por meio das interações no ateliê, desenvolve-se um relacionamento crescente entre a criança e os materiais, e isso incentiva as crianças a inventar, pensar, resolver problemas, formular estratégias, criar e se questionar sobre si mesmas e sobre o mundo que as rodeia. Essas habilidades não deveriam ser valorizadas como parte da inteligência e de uma boa educação?

FIGURA 11.2 Arranjo intencional de materiais.

Ao projetar o ateliê, incluo coisas que são únicas, naturais, feitas pelo homem, intrigantes, recicladas e lindas. Tento não ter nada no ateliê que transmita às crianças uma mensagem de que aquilo é um modelo ou é a maneira "certa" de fazer algo. Os recursos do ateliê são para as crianças usarem como referências, provocações, fontes estéticas de tranquilidade e lembranças de lugar e identidade. As crianças são donas de sua própria criatividade e de suas próprias formas de representar quem são e aquilo com o que se preocupam e conhecem.

CRIATIVIDADE

> Precisamos inventar nossas próprias ferramentas e nossos próprios procedimentos. (RICHARD..., 2005).

Loris Malaguzzi acreditava que "[...] a criatividade não deveria ser considerada uma faculdade mental separada, mas sim uma característica de nossa maneira de pensar, conhecer e fazer escolhas" (GANDINI, 2012, p. 51). Essa ideia me desafiou a me questionar e a ouvir as crianças com muita atenção. Tenho de me certificar de que meus conceitos de ensino e de aprendizagem não estão fechando portas à criatividade. Descobri que isso era complicado, uma vez que é fácil ser atraído a algo adorável produzido por uma criança e que faz minha maneira de proceder parecer correta. Além disso, existem os muitos requisitos educacionais que impedem de realmente ver e ouvir crianças e suas cem linguagens (ver Figura 11.3).

> As cem linguagens são uma metáfora para o potencial extraordinário das crianças, sua construção do conhecimento e seus processos criativos, as múltiplas formas com as quais a vida se manifesta e o conhecimento é construído. (INDICATIONS..., 2010, p. 10).

Como educadores, precisamos acreditar muito na competência de todas as crianças sempre que falarmos com outros professores e considerarmos maneiras de apoiar a aprendizagem das crianças em todas as áreas curriculares. Acreditar na competência e no potencial das crianças não significa elogiar ou recompensar. O elogio e as recompensas não ajudam as crianças a desenvolver sua curiosidade e sua motivação intrínsecas para descobrir coisas. Acreditar na competência e na inteligência significa observar, escutar e provocar o pensamento e a invenção das crianças. Precisamos apoiar a criatividade das crianças, mesmo quando elas desanimem.

Malaguzzi (2012) queria que as pessoas vissem o que as crianças estavam fazendo nas escolas de Reggio Emilia. Ele acreditava que, ao ver o trabalho do ateliê infantil, elas começariam a entender que as crianças estavam comunicando suas ideias, e não apenas fazendo belas imagens ou demonstrando técnicas artísticas. É por isso que a história e a prática das escolas municipais de Reggio Emilia e da **exposição *Wonder of Learning*** são tão profundas. Nos meus trabalhos com crianças e adultos, quero estar aberta a todas as possibilidades e não "roubar noventa e nove", como descreve Malaguzzi em seu poema de *The hundred languages of children* (GANDINI, 2012, p. 33).

"Alfabetos" e materiais no ateliê

O alfabeto de um material é uma ideia profunda, a qual aprendi a apreciar.

FIGURA 11.3 Arame e ferramentas convidam uma criança de 2 anos e 6 meses à invenção.

Demorei um tempo para descobrir o que era o "alfabeto" ou a "gramática" de um material, porém, ao ler e reler as palavras de Giovanni Piazza (ver Capítulo 6), bem como as de Gianni Rodari (1973) em *The grammar of fantasy*, esse conceito ficou mais claro para mim.

Ao criar um alfabeto não convencional de um material e exibi-lo, apresentamos a crianças e adultos algumas ideias sobre o potencial do material, sem comunicar de forma muito rígida como ele deve ser usado. Livrinhos de fotos de crianças usando arame, argila ou outros materiais comunicam a liberdade de inventar. As crianças adoram ficar olhando esses livros. Elas riem e olham mais. Não acho que elas pensem que têm de usar um material de uma determinada maneira.

Pensar sobre a ideia do alfabeto de um material me ajuda a aprender outras maneiras de apoiar as crianças no desenvolvimento de suas relações com os materiais. Tenho até o meu próprio alfabeto de arame encontrado, exposto em um pequeno canto do ateliê, o qual tem atraído muito interesse quando os educadores o visitam.

Alfabeto de argila

No ateliê, tenho vários potes herméticos de argila, macia e flexível, moldada na forma de bolas ou cubos prontos para as crianças usarem na mesa de argila. Essa é uma mesa baixa que comprei de segunda mão e forrei com uma lona grossa, bem apertada. Ao redor, há várias cadeirinhas. Em uma prateleira próxima a um dos lados da mesa, um livrinho do alfabeto de argila, que todos adoram, está exposto junto a uma série de objetos interessantes que espero que provoquem e inspirem o interesse das crianças (ver Figura 11.4).

O livro do alfabeto de argila é um conjunto de imagens das crianças de Ochoa, que trabalham com argila nessa mesa. Ele ajuda a comunicar que existem muitas maneiras de usar a argila. Testemunhei invenções deliciosas quando as crianças podem experimentar e testar coisas com a argila. Muitas vezes, levava mais de uma hora até pararmos.

Investigando flores

Se as crianças em idade pré-escolar estão investigando flores com seus professores, quando elas chegam ao ateliê pela manhã, saímos com pranchas de desenho, papel e canetinhas finas. Às vezes, pegamos pastéis de óleo. Olhamos bem de perto as flores que encontramos lá fora, muitas vezes usando uma lupa para examiná-las. A seguir, cada criança escolhe uma flor para desenhar.

Quando retornamos ao ateliê, há vários livros de flores na mesa para que as crianças pesquisem, se quiserem. Também posso colocar um vaso de flores com canetas de desenho e aquarela líquida na mesa de luz como uma opção para continuar investigando. Poderia haver imagens de

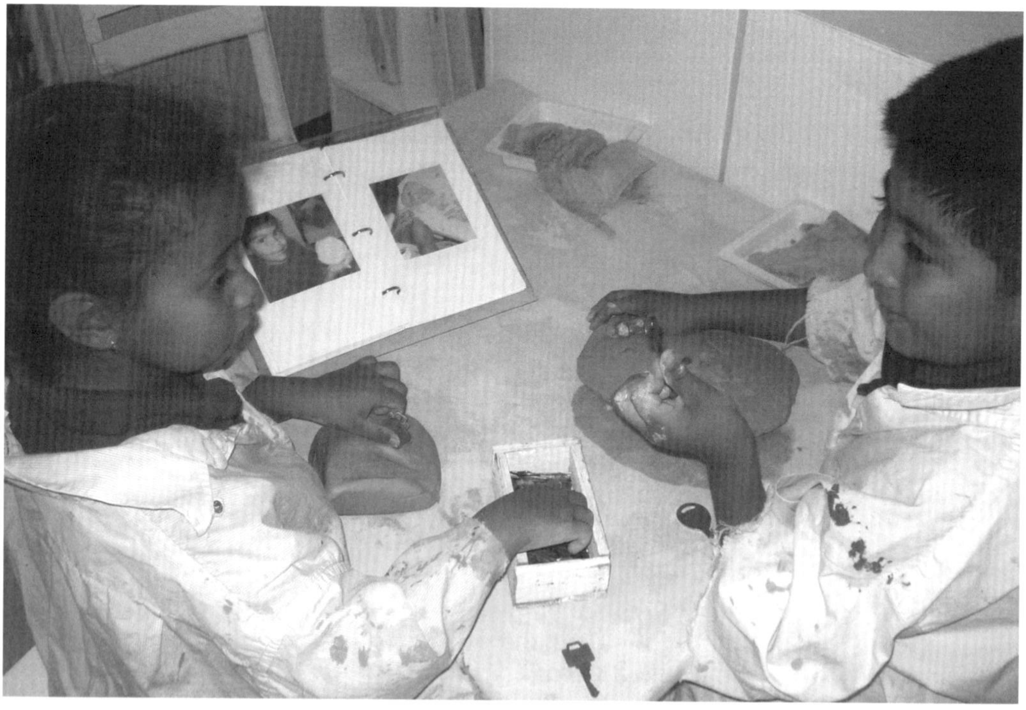

FIGURA 11.4 Essas crianças estão criando seus próprios alfabetos de argila.

flores impressas em lâminas perto do retroprojetor ou materiais de colagem a ser usados para criar mais flores. Sempre há muitas coisas diferentes para as crianças fazerem e verem no ateliê, todas ligadas a suas pesquisas ou projetos desenvolvidos na sala, bem como à exploração. Mesmo as crianças dos anos mais avançados (do 3º ao 5º) gostam de ter tempo para trabalhar no ateliê.

Desenhando galinhas

Por vários anos, a professora de pré-escola Paula McPheeters manteve galinhas no jardim perto do ateliê. Quando ela queria que as crianças pesquisassem e desenhassem as galinhas, as observávamos com cuidado, assim como fazíamos com as flores. As crianças caminhavam ao redor do galinheiro para ver o galo e as galinhas. Um dia, quando estávamos desenhando as galinhas nas lâminas de retroprojetor com pincéis atômicos pretos, perguntei a Omar se ele queria me mostrar a galinha que havia desenhado, e ele o fez com um respeito sincero pela perspectiva que a galinha poderia ter.

Mais tarde, as crianças acrescentaram cor aos seus desenhos, usando um grande conjunto de canetinhas coloridas, e puderam levar os desenhos ao retroprojetor no ateliê e projetá-los na parede, acrescentando ainda mais uma dimensão à sua experiência no desenho de galinhas.

ENCONTRANDO A NÓS MESMOS NO ATELIÊ: IDENTIDADE E VISIBILIDADE

Um sentido saudável de identidade é um dos recursos mais importantes que as crianças têm. No ateliê, proporciono-lhes muitos modos de ver a elas próprias e às outras de maneira positiva, incomum e inventiva (ver Figura 11.5). A seguir, um inventário de algumas das formas em que incentivo a identidade pessoal e a identidade de grupo, bem como criatividade, conhecimento e um alto nível de organização no ateliê.

- Uso espelhos perto da mesa de luz, no chão, ao lado do cavalete, nas prateleiras atrás dos materiais e na parede. As crianças se veem refletidas nos diferentes espelhos de muitas maneiras.
- Em uma área, elas podem explorar um conjunto de máscaras. Como provocação, publiquei uma pergunta em inglês e espanhol: "Você me reconhece quando uso máscara?".
- No centro do ateliê, há uma mesa grande com banquinhos ao redor, que está em um nível mais alto do que as outras mesas do ateliê. Referimo-nos a ela como "a mesa do ateliê", embora existam outras. Sempre há um lugar na mesa do ateliê com um espelho, um pedaço grande de papel branco e uma canetinha para fazer autorretratos. Crianças de todas as idades são atraídas a esse lugar.
- Faço cópia, colo e plastifico fotografias de todas as crianças em cartões. Quando uma delas chega, encontra seu cartão na mesa do ateliê e o coloca em um mural ao lado da foto da área de pesquisas onde deseja explorar.
- Também deixo os nomes e as fotos das crianças visíveis em divisões de uma grande caixa-portfólio, onde as pinturas delas são guardadas.

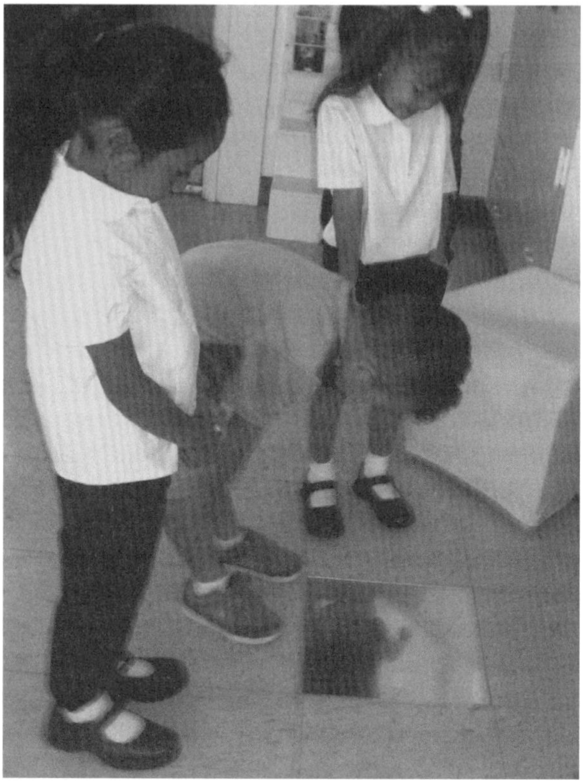

FIGURA 11.5 A surpresa de um espelho em um lugar inesperado.

- Imprimo as fotos das crianças em tamanho de miniatura em papel magnético, recorto e coloco nos quadros magnéticos, para que elas manipulem como quiserem.
- Além disso, há folhas de papel de cópia 21 x 28 cm com uma foto grande de cada criança dentro de um envelope plástico para usar na mesa de luz.
- Perto do retroprojetor, coloco fotos pequenas das crianças, impressas em lâminas em uma caixa, para uso no projetor e para incorporar em seus trabalhos.
- Em uma grande moldura digital no balcão, colocada na altura das crianças, um ciclo de várias centenas delas trabalhando no ateliê fica passando durante seu tempo no local, acompanhada de músicas variadas.
- Em uma prateleira pequena perto de um teto baixo, exibo fotos coloridas de crianças fazendo muitas coisas diferentes no ateliê.
- Pelo menos uma dúzia de suportes de acrílico com documentações de mini-histórias com fotos das crianças envolvidas em vários trabalhos e atividades exploratórias são espalhadas pelo ateliê.

Tenho organizado cadernos voltados a áreas de pesquisa específicas, como o quadro magnético, o tear no chão, o cavalete, a mesa de luz e o retroprojetor com imagens de crianças trabalhando nessas áreas. Todos os dias, tiro fotos das crianças nas diferentes áreas do ateliê, depois as edito, dato e imprimo em cartolina. Elas são colocadas em envelopes plásticos e exibidas nos cadernos do ano em curso, em uma prateleira baixa. Perto dali, há uma pequena cadeira mexicana de couro para que as crianças possam se sentar e olhar esses conjuntos. Já tenho nove anos desses cadernos-diário, e eles se tornaram um recurso vital para mim, em muitos aspectos, pois mostram:

- como o ateliê é habitado pelas crianças;
- como preparei meus convites para encontros usando diversos materiais e ferramentas diferentes;
- se as áreas de pesquisa eram atraentes ou intrigantes para as crianças;
- se meu desejo de que as crianças vissem a si próprias no ateliê foi realizado.

Além disso, os cadernos documentam trabalhos de curto prazo e outros, especiais, que foram desenvolvidos por longos períodos de tempo. Eu os compartilho com educadores e outros visitantes para demonstrar a pesquisa das crianças com materiais e ferramentas.

LIVROS E LETRAS NO ATELIÊ

Em todas as partes do ateliê, há livros, palavras e letras disponíveis para olhar, usar e explorar. Descobri que, às vezes, as crianças gostam da provocação das imagens que encontram nos livros; em outras ocasiões, querem usar a imaginação. Seja qual for a escolha, quero facilitar suas pesquisas no ateliê. É uma das coisas mais importantes que tento fazer. Não quero que as crianças pensem que existe uma maneira correta de representar letras, palavras ou imagens.

Às vezes, pego os livros e os abro em uma mesa do ateliê. Se eu souber que várias crianças estão interessadas em motocicletas, posso colocar alguns livros sobre o tema na mesa para examinar ou posso convidá-las a escolher um livro de motocicleta nas prateleiras que estão no ateliê. As crianças também adoram dinossauros, carros, insetos, cachorros, gatos, cavalos, construções e trens. Existem vários lugares no ateliê onde elas podem encontrar livros sobre esses assuntos para pesquisar ou usar como referências, ou contemplar com um amigo (ver Figura 11.6).

Adoro ver as crianças pegarem livros gigantes e abri-los com entusiasmo, com a expectativa de que encontrarão algo maravilhoso. Às vezes, quando estão no ateliê, elas querem se sentar e ler devagar, olhando página por página. Se isso acontecer com frequência, desenvolve-se uma disposição de usar e aproveitar os livros dessa maneira. Esse interesse pode se tornar uma prática para as crianças durante toda a vida.

De vez em quando, ao trabalhar em uma mesa do ateliê, uma delas levanta a cabeça e diz: "Como eu faço isso?". Então, eu tenho uma tarefa muito importante. Será que a ideia vem de um livro ou está na mente dela? Que experiências ela teve usando os materiais que escolheu?

Preciso ter certeza de que há uma maneira para que ela faça o que espera fazer e que esteja aberta à invenção. Um livro pode ajudá-la a acessar a ideia que teve ou a encontrar um lugar para começar. Eu poderia perguntar: "Onde você quer começar?" ou "Qual parte você mais gosta?".

FIGURA 11.6 A alegria de compartilhar um livro na mesa do ateliê.

Quero fazer ou dizer algo que provoque a criança e mantenha a questão viva, e sua atenção, desperta. Preciso apoiá-la para que se disponha a correr os riscos inerentes ao momento em que começa a agir. Os livros e materiais do ateliê oferecem maneiras de provocar o pensamento enquanto crianças desenvolvem "linguagens" para aprender.

Rafael, um aluno da educação infantil, adorava veículos de todos os tipos. Um dia, coloquei um livro japonês com fotos de veículos na mesa do ateliê. Ele continha muitas imagens de todos os tipos de veículos de construção, com textos descritivos em japonês. Rafael abriu o livro e decidiu onde queria começar a ler. Então começou a desenhar veículos, usando esse livro específico como referência, sempre que vinha ao ateliê.

Quando Rafael já havia desenhado vários veículos, perguntei se ele queria pintá-los. Ele ficou muito animado quando eu coloquei o livro em um suporte, em um banquinho ao lado do cavalete. Ele começou a pintar as imagens que havia desenhado, com entusiasmo, comentando alguns dos detalhes que observara no livro.

Um momento muito importante para Rafael foi quando ele percebeu que existem diferentes maneiras de criar imagens e acrescentar detalhes. Quando trabalham com uma variedade de materiais e ferramentas, as crianças tornam-se mais capazes de interpretar e reinterpretar o mundo ao seu redor de maneiras particularmente significativas para si.

UM LUGAR DE PESQUISA: FAZENDO PERGUNTAS, COMETENDO ERROS

Se realmente acreditamos que "[...] a criatividade deve ser o cerne do ensino e da aprendizagem", como Malaguzzi (GANDINI, 2012, p. 51) comunicou tão poderosamente, e que "a pesquisa é um comportamento para a vida", como disse Carla Rinaldi, em 2001, em uma conferência em St. Louis, o que estamos fazendo como professores para vivenciar essas crenças? (Ver Figura 11.7.) Será que estamos desenvolvendo, nas crianças, os hábitos mentais que as ajudarão a se tornar cidadãs saudáveis e responsáveis pelo mundo? Estamos ajudando as crianças a desenvolver disciplina para se esforçar e saber o que é certo e o que é errado? Que habilidades e aptidões elas estão obtendo na escola de hoje?

Se eu definir os materiais, as ferramentas e as ações do ateliê de forma rígida demais, serei culpada de "roubar noventa e nove" das cem linguagens, e eu já fiz isso. Entretanto, Carla Rinaldi diz que os professores têm direito de cometer erros!

> Devemos estar prontos para o inesperado, para reavaliar nossas hipóteses iniciais, construir estratégias e reajustar nosso rumo se cometermos erros (o que temos direito de fazer e faz parte do nosso crescimento profissional). (RINALDI, 2006, p. 125).

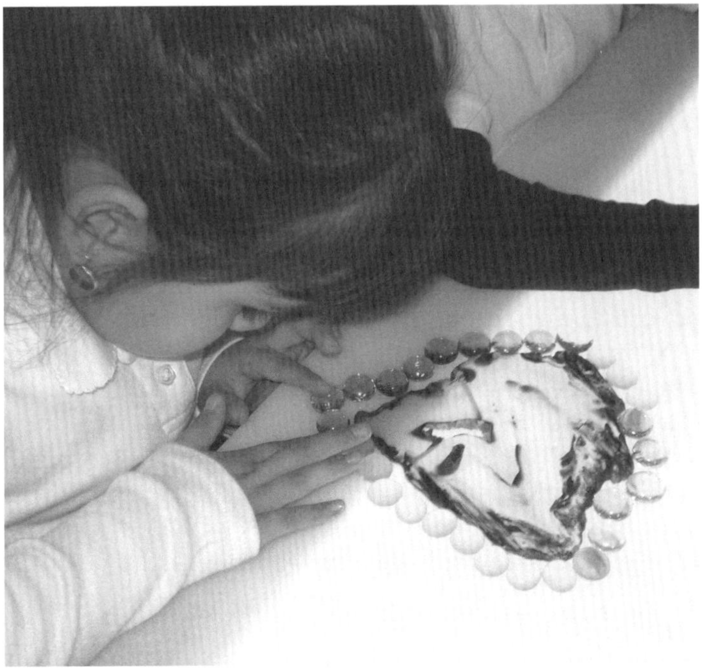

FIGURA 11.7 Uma lâmina de ágata e miçangas coloridas na mesa de luz oferecem uma instigante oportunidade de pesquisa.

Muitas vezes, essa ideia me deu coragem de continuar tentando, em meus esforços para fazer as experiências do ateliê serem dignas das crianças. No entanto, a ideia de que professores cometem erros é a antítese do que se espera dos educadores hoje. Quando percebo que cometi erros em meus trabalhos com as crianças, isso me ajuda a refletir sobre o que eu fiz de errado e o que fazer de forma diferente na próxima vez.

Também é por isso que eu tenho de examinar regularmente o modo como organizei o ateliê:

- Como eu convidei as crianças a descobrir e, depois, a fazer conexões com alguns dos materiais e ferramentas presentes na sala?
- Eu os organizei de uma forma convidativa e instigante?
- Quais elementos estéticos devem ser considerados?
- Configurei o espaço e os materiais de uma forma que acolha e não retrate uma visão estereotipada de crianças pequenas?
- Como eu demonstrei minha crença na competência delas e meu apreço por quem são e como aprendem?

Por esse motivo, não digo a todo um grupo de crianças como colocar a tinta nos pincéis quando elas escolhem o cavalete como área de pintura, mas posso **emprestar conhecimento** (uma frase de Reggio Emilia que significa compartilhar uma ideia ou informação) a uma criança que está frustrada porque há pingos de tinta em seu papel.

Acho que uma parte muito importante do meu papel na *pedagogia da escuta* (RINALDI, 2006) é permitir que as crianças "inventem [suas] próprias ferramentas e [seus] próprios procedimentos", como aconselha o escultor Richard Serra (RICHARD..., 2005). No instante em que faço um julgamento e digo que uma criança tem tinta demais no pincel ou que ela tem de usá-lo de uma determinada maneira, estou fechando uma porta. Claro, eu cometi esse erro também. Eu continuo aprendendo.

ESTAR INSPIRADO: ESTAR EM DIÁLOGO

Se acreditarmos que construímos conhecimento conjuntamente, como podemos dialogar com crianças de forma rica e vigorosa? Como temos esse mesmo tipo de diálogo com nossos colegas? Amelia Gambetti diz que ela e sua colega de sala decidiram não trabalhar juntas depois de 25 anos porque não discutiam o suficiente. Elas achavam que haviam se tornado muito acomodadas à forma como faziam as coisas juntas. Então, como aprendemos a dar valor ao diálogo e aos questionamentos e como sentimos o desequilíbrio e a incerteza que acompanham o ensino e a aprendizagem reais?

Para que isso aconteça, deve-se alimentar uma atitude de abertura e diálogo em nossas escolas. Os professores precisam se sentir à vontade para observar e expressar desaprovação pela falta de respeito por crianças ou famílias representadas por uma ordem do distrito escolar ou a segregação de crianças que estejam aprendendo inglês por parte das que são falantes nativas dessa língua, ou, ainda, consternação com o medo da deportação que testemunhamos em muitas de nossas famílias.

Deve haver uma expectativa de que essa seja a tarefa dos profissionais. É nossa responsabilidade moral e ética questionar as ordens e as exigências que nos dizem respeito. Faz parte do nosso modo de vida democrático reconhecer que a aprendizagem acontece de muitas maneiras diferentes, e que crianças, professores e famílias têm direitos que vão além dos expressos legalmente.

Tento ter uma postura aberta quando trabalho em conjunto com professores, documentando minhas experiências de ensino e de aprendizagem no ateliê e as compartilhando de todas as formas possíveis (ver Figura 11.8). Também tento comunicar os meus questionamentos e o que penso que pode servir de apoio aos nossos esforços para nos inspirarmos em Reggio.

Estudo a filosofia de Reggio Emilia todos os dias. Estudo em relação a todas as outras disciplinas e experiências que fazem parte da minha vida como mulher, mãe, filha, avó, artista, educadora e, talvez, às vezes, revolucionária. Não sou apenas "a professora de artes". Estudei construção de currículo e formulei os padrões para a educação infantil. Estudei ferramentas de avaliação e fui provocada pela ideia de que pensamos que podemos padronizar a inteligência.

FIGURA 11.8 Nossa pedagogista ou professora de pré-escola examina a exibição da documentação que preparei para um projeto do 3º ano sobre espirais.

Claro, estudei muito sobre arte, história e *design*. É meu trabalho estudar, estar sempre aprendendo e dialogar com os outros.

Independentemente de pensarmos sobre as cem linguagens como materiais, ferramentas e processos ou como som, movimento ou informação e tecnologia, seja o que for, acho que temos de atravessar as fronteiras e entrar em territórios de ensino e de aprendizagem novos e muitas vezes desconfortáveis, pois, de outra forma, estaremos fechando portas às possibilidades. Tentei construir pontes que cruzassem essas fronteiras para que o ateliê pudesse ser visto como um lugar de criatividade e pesquisa e para que as crianças sejam valorizadas como pessoas criativas e inteligentes.

REFERÊNCIAS

GANDINI, L. History, ideas, and basic philosophy: an interview with Loris Malaguzzi. In: EDWARDS, C.; GANDINI, L.; FORMAN, G. (Eds.). *The hundred languages of children: the Reggio Emilia experience in transformation*. 3. ed. Santa Barbara: Praeger, 2012. p. 27-72.

INDICATIONS preschools and infant toddler centers of the municipality of Reggio Emilia. Reggio Emilia: Reggio Children, 2010. p. 10.

MALAGUZZI, L. No way the hundred is there. In: EDWARDS, C.; GANDINI, L.; FORMAN, G. (Eds.). *The hundred languages of children: the Reggio Emilia experience in transformation*. 3rd ed. Santa Barbara: Praeger, 2012. p. 2-3.

RICHARD Serra, thinking on your own feet. Directed by Maria Anna Tappeiner. [S.l.]: Westdeutscher Runfunk; Zwetes Deutcshes Femsehn, 2005.

RINALDI, C. *In dialogue with Reggio Emilia: listening, researching, and learning*. New York: Routledge, 2006.

RODARI, G. *The grammar of fantasy: an introduction to the art of inventing stories*. Torino: Reggio Children, 1973.

12

A criatividade no centro da aprendizagem

Susan Harris MacKay

E se os educadores considerassem todas as crianças criativas, cheias de imaginação e fascinação, e se sentissem com capacidade *e* responsabilidade para nutrir essas características? E se o currículo escolar fosse concebido e influenciado por profissionais do ensino que reconhecessem a criatividade como um direito de cada criança desde o nascimento?

Essas são perguntas que me emocionam e inspiram, desafiando-me a valorizar o poder da minha própria imaginação e a responsabilidade que tenho de levá-la ao limite, principalmente no meu trabalho com crianças. Explorarei essas perguntas neste capítulo ao contar um pouco do trabalho que estamos fazendo na Opal School para aprender um pouco mais a cada ano sobre a relação entre materiais, aprendizagem, criatividade e as maneiras em que queremos estar juntos neste mundo.

No âmbito das relações complexas e complicadas da infância e da idade adulta com o ensino e a aprendizagem, temos todos os recursos necessários para criar futuros onde prosperem a compreensão, a empatia, a democracia, a paz e a inovação. Enquanto estamos na companhia de crianças nas salas da educação infantil, pode ficar fácil esquecer que esse futuro está em nossas mãos. Todavia, há um poder impressionante no reconhecimento desse potencial, que fica disponível a nós em quantidades compatíveis com a força da imagem que temos de cada criança.

Nosso primeiro passo é reconhecer que criatividade, imaginação e fascinação são disposições naturais que acompanham o impulso de cada ser humano para entender o mundo e estabelecer relações com ele. Em seu ensaio *Creativity as a quality of thought*, Carla Rinaldi (2006) faz perguntas fundamentais para o nosso trabalho:

> Como podemos ajudar as crianças a encontrar o sentido do que fazem e do que experimentam? Como podemos responder às suas perguntas constantes, seus "porquês" e "comos", sua busca por aquilo que gostamos de considerar como o sentido não apenas das coisas, mas da própria vida, uma busca que começa a partir do momento do nascimento, do primeiro "por quê" silencioso da criança, e vai até o que, para nós, é o sentido da vida? (RINALDI, 2006, p. 86).

Considerar as crianças como fortes, competentes e sábias é reconhecer sua necessidade inata e sua busca ativa por sentido e a necessidade de expressar os resultados de seus encontros, que acompanha essa busca. Todos os seres humanos nascem com capacidade de ser criativos, ou seja, de estabelecer conexões novas e dotadas de sentido e comunicar suas ideias de maneiras originais.

SUSTENTANDO A CRIATIVIDADE

Na primavera de 2002, tive o privilégio de participar de uma viagem de estudos às escolas municipais para crianças pequenas de Reggio Emilia. Durante essa viagem, um comentário feito por uma educadora italiana me surpreendeu. Ela disse que o *trabalho* dos adultos era conceber intencionalmente experiências para crianças que promovessem o desenvolvimento da criatividade. Essa possibilidade me pareceu profundamente inspiradora: de que a escola poderia ser o lugar de nossas comunidades onde a criatividade seria nutrida, sustentada e amadurecida com estratégias intencionais, abrindo uma porta para um novo mundo de possibilidades e esperança.

As escolas de Reggio Emilia oferecem um exemplo maravilhoso do potencial que existe na oferta de ferramentas, estratégias e desafios às crianças, que aumentarão sua capacidade para o pensamento e a ação criativa. O que acontece quando tentamos traduzir esse exemplo para a vida de alunos de mais idade, em escolas públicas dos Estados Unidos?

Nas escolas públicas dos Estados Unidos, enfatizamos o ensino em detrimento da aprendizagem. A queixa recorrente de que as crianças chegam à educação infantil despreparadas para aprender sustenta uma ideia popular persistente de que aprender é o equivalente a amadurecer um conjunto cada vez maior de habilidades e fatos que serão entregues pelo professor a mentes prontas para recebê-los. Esse pressuposto predominante garante que os professores estejam dispostos a ignorar a experiência prévia das crianças e suas tentativas de entendê-la e os prepara para preencher vasos, recipientes, copos, cabeças que consideram vazios, em vez de alimentar as chamas que já cintilam nas mentes das crianças.

Para adotar uma nova visão, precisamos valorizar a criatividade como algo vital para as coisas que passamos a considerar como estabelecidas e que ensinamos na escola, bem como outros valores que consideramos caros, como a democracia e a sustentabilidade do nosso planeta. O que nos leva a exigir disposições e habilidades que apoiem a criatividade não é uma nostalgia em relação a um tempo de inocência, mas uma necessidade vital para o bem-estar futuro de nossas comunidades.

Mesmo que limitemos nosso foco às principais áreas acadêmicas, veremos que nossa compreensão sobre o conteúdo cresce e depende da imaginação e da fascinação. Os estudos mais recentes em neurociência confirmaram que não há aprendizagem a menos que o que já é conhecido possa ser conectado a algo novo (BROWN; ROEDIGER; MCDANIEL, 2014). Esse salto de conexão é um ato de imaginação. Encontrar o nosso caminho do conhecido ao novo é uma jornada pessoal que acontece com mais facilidade dentro de um cérebro com prática na busca de padrões e conexões. Aproveitando sua experiência como professor de ateliê na St. Michael School, em St. Louis,

Charles Schwall (2008) disse em uma palestra: "Ser criativo é se encontrar em estado de transformação". A educação tem potencial para nutrir aqueles que estão no processo de se inventar, fornecendo materiais e experiências que facilitem a conexão pessoal. O processo de aprendizagem é um processo criativo.

AUTORIA

Em seu livro *Imagination and literacy*, Karen Gallas (2003, p. 100) escreve: "A autoria representa uma encarnação física da imaginação à medida que entra em contato com o mundo". Ser autor é buscar conexões e relacionamentos, encontrá-los e expressá-los. As artes e as ciências que pedimos que as crianças estudem na escola são essas encarnações físicas, de *autoria* de historiadores, matemáticos, cientistas e artistas.

Independentemente de sermos ampla e reconhecidamente estudados ou ainda estarmos fazendo nossos primeiros rabiscos, todos expressamos nossas ideias para entender melhor a nós mesmos, tornar-nos visíveis aos outros e receber *feedback* e validação. Somente quando aprendermos a perceber e responder às crianças que entendemos que estão se tornando autores de suas próprias vidas é que veremos o quanto elas estão dispostas a aprender, o quanto são, de fato, *motivadas* a aprender.

As artes são ferramentas de autoria que permitem tanto a criação quanto a interpretação de imagens sensoriais, pois expressam camadas de perspectiva, cor, textura, som e palavras. Por essa razão, as artes talvez sejam a maneira mais poderosa de nutrir a criatividade das crianças pequenas e, ao mesmo tempo, permitir que os adultos percebam a expressão destas como autoria.

A professora-pesquisadora da Opal School, Levia Friedman, captou esse momento de autoria enquanto trabalhava com um grupo de alunos de 10 anos em um período letivo de outono. Eles acabavam de voltar do percurso noturno anual ao ar livre do 5º ano quando Levia pediu que refletissem sobre como o que vivenciaram em sua viagem poderia servir de apoio a seu trabalho na escola. Como correr riscos nas cordas altas e nos enormes balanços os ajudaria a aprender e crescer na escola? Levia convidou seus alunos a desenvolver essas reflexões trabalhando com argila. Ela lhes fez as seguintes perguntas: "De que forma a argila ajudará vocês a passar de reviver a atividade a fazer uma descoberta que se aplique a outras experiências que vocês esperam este ano? O que aprenderam sobre vocês mesmos?".

Senan começou brincando com a argila. Ele percebeu que um amigo tinha preso o dedo nela e que fazia um barulho de sucção quando ele o retirava. Senan tentou recriar essa sensação de sucção e também aquele *barulho*, que distraiu a todos na sua mesa, e em pouco tempo estava mais interessado em fazer todos rirem do que no trabalho em questão.

Levia tinha de fazer uma escolha. Deveria intervir? Deveria redirecionar Senan? Enquanto ela avaliava suas opções, Senan encheu o buraco da argila com água, e, quando tirou o dedo, tudo caiu, formando um buraco ainda maior no meio.

Enquanto isso acontecia, Levia viu Senan abordar a mudança no material e, de repente, ficar mais focado. Ele puxou partes da argila, moldando o que pareciam dedos, e fez uma descoberta importante, finalmente acrescentando uma representação de si próprio à escultura (ver Figuras 12.1 e 12.2). Então, estava pronto para escrever. Aqui está um trecho dessa reflexão escrita:

> É como um sentimento oco quando você cai. Você cai ali [...] e começa a balançar. Você cai num buraco, é escorregadio lá dentro e você não tem ideia do que está acontecendo. O meu corpo parou e eu fechei os olhos e pensei que estava sonhando. Fiquei superfeliz depois de fazer aquilo. Você tem que enfrentar os seus medos. (Senan, 10 anos.)

Muitas vezes, vemos esses momentos de integração fluida entre materiais, o lúdico, a reflexão dotada de sentido e uma escrita poderosa nas salas da Opal School. Pode ser difícil e desconfortável para os professores assumir os riscos inerentes ao dar tempo aos materiais e ao jogo, principalmente à medida que as crianças vão crescendo. É fácil entender o conflito interior de Levia ao observar Senan entreter seus amigos na sala quando ela pretendia envolvê-los em reflexão séria. Contudo, esse momento de hesitação e deliberação interna proporcionou justamente o tempo de que Senan precisava para provar a força de sua disposição a se envolver no ciclo de experiência, reflexão e expressão.

As crianças precisam de amplas e múltiplas oportunidades para assimilar informações novas e expressá-las novamente de maneiras que sejam pessoais e origi-

FIGURA 12.1 A abordagem de Senan às mudanças do material.

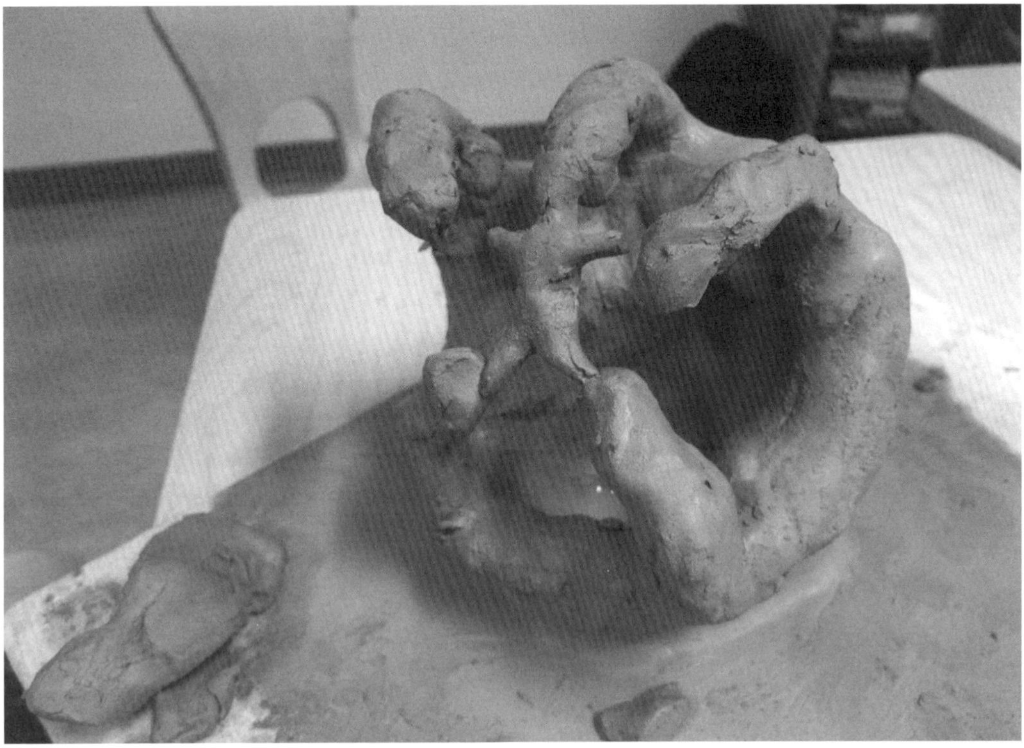

FIGURA 12.2 Ele acrescentou a si mesmo à escultura e começou a escrever.

nais – para se envolver em processos de autoria. Isso acontece quando os educadores oferecem ferramentas e ambientes onde as crianças possam tornar suas interpretações e conexões visíveis para si e para os outros.

Carla Rinaldi (2001, p. 3) escreve: "Desde o início, as crianças demonstram que têm voz, sabem escutar e querem ser escutadas". No entanto, em nossas salas, muitas vezes direcionamos nossa energia a ensiná-las a suprimir seu desejo natural de sentido e relacionamento, a se lembrar do que lhes é dito e a recitar respostas corretas distanciadas de sentimentos de curiosidade e imaginação. As crianças aprendem a adormecer esses sentimentos para sobreviver. A especialista em alfabetização Ellin Keene (2008, p. 139) nos incentiva da seguinte forma: "Somos nós, professores, que podemos criar as condições e nos engajar no estabelecimento de modelos necessários para que as crianças vivenciem e se tornem absortas pelo alcance e pelo poder de suas próprias mentes".

Somos nós, professores, que devemos fazer isso. Por sabermos que é possível apoiar as crianças para que experimentem o poder de suas próprias mentes, proporcionar essas condições a cada uma delas é uma questão de direitos humanos. Além disso, todos nos beneficiamos, agora e no futuro, visto que sustentar nosso direito de ser criativos desde o nascimento é a busca mais alegre dos direitos humanos que poderíamos ter o privilégio e a possibilidade de defender.

CRIANDO UMA COMUNIDADE DE AUTORES: UMA JORNADA PELAS ESTAÇÕES

Utilizadas como linguagens, as artes abrem janelas de imaginação e possibilidades, oferecendo às crianças uma chance de ser conhecidas como autoras dentro de uma comunidade de autores. Rinaldi (2006, p. 90) escreve: "Portanto, é essa a revolução que temos de colocar em prática: desenvolver a sensibilidade natural das crianças para que apreciem e desenvolvam as ideias de outras pessoas, compartilhando-as".

Na Opal School, trabalhamos ativamente para cultivar habilidades de artistas, cientistas e autores que permitam que as crianças expressem o sentido e a complexidade do mundo ao se encontrarem com ele e o interpretarem todos os dias, compartilhando-o umas com as outras. Há vários anos, tive a oportunidade de viajar com um grupo de crianças de 5 a 7 anos, em uma rica exploração das estações, que começou um dia com uma caminhada. No belo jardim botânico Hoyt, localizado próximo de nós, existe um conjunto especial de árvores de bétula branca, plantadas intencionalmente, chamado de Casa do Verão. Muitas das crianças já haviam visitado esse lugar, mas eu não, e elas prometeram levar-me lá. Gostamos do passeio, mas não encontramos a Casa do Verão, e, apesar de termos ficado decepcionadas, decidimos tentar novamente outro dia, com um mapa nas mãos.

Logo depois, as folhas coloridas do outono atingiram seu pico, e fomos apreciá-las. Pretendia levá-las à Casa do Verão, porém, enquanto caminhávamos pela porta, ouvi alguém comentar esperançosamente atrás de mim: "Talvez encontremos a Casa do Outono!". Eu ri comigo mesma e anotei essa frase otimista no meu diário enquanto íamos para o Jardim Botânico. Mais uma vez, não conseguimos chegar à Casa do Verão naquele dia, mas, o que acabou sendo ainda melhor, encontramos nossa própria Casa do Outono (ver Figura 12.3).

Pensei nas seguintes palavras de Elliot Eisner (2006, p. 222):

> Grandes ideias têm pernas. Elas nos levam a algum lugar [...] Com elas, podemos fazer perguntas que não podem ser respondidas. Essas perguntas irrespondíveis devem ser uma fonte de conforto. Elas garantem que sempre teremos algo no que pensar! Os enigmas convidam as mais preciosas habilidades humanas a alçar voo. Falo da imaginação, a enteada preterida da educação nos Estados Unidos.

A Casa do Outono e, depois, as que vieram a ser as Casas do Inverno e da Primavera acabaram por ser ótimas ideias, cheias de deliciosos enigmas. Essas Casas das Estações inspiraram as crianças a compartilhar as teorias que estavam desenvolvendo sobre o transcurso do ano – os padrões naturais que tinham observado durante suas curtas vidas.

Uma estrutura que usamos nas salas da Opal School para apoiar o compartilhamento de teorias é chamada de **conversa científica**, inspirada e embasada pelo trabalho de Karen Gallas em seu livro *Talking their way into science* (1995). Ao divulgar suas teorias aos colegas em conversas científicas com o grupo todo, as crianças abrem possibilidades que poderiam não ter considerado por conta própria. As conversas científicas as incentivam a valorizar as perguntas e o poder de seus

FIGURA 12.3 Encontramo-nos em um bosque de árvores cor de fogo e imaginamos que havíamos tropeçado na Casa do Outono.

próprios pensamentos e a desenvolver as ideias das outras.

Depois de descobrir a Casa do Outono, as crianças de 6 anos sentaram-se em círculo e compartilharam suas teorias sobre a seguinte pergunta: como as folhas mudam de cor?

ANNA: Eu acho que elas querem brincar e o vento ajuda.

ELKE: Eu acho que elas vão ficando mais velhas, e, quando chega o outono, elas estão tão velhas que não conseguem mais segurar o verde, e começam a ficar de outras cores.

JOSEPHINE: Quando sopra o vento, a chuva transmite à árvore a mensagem de que é hora de mudar de cor.

BRITTANY: Eu penso como a Elke: quando elas ficam muito velhas mesmo, elas não conseguem mais segurar o seu verde.

ELKE: Eu acho que talvez elas percam o verde porque querem sair e brincar, mas querem mudar de roupa antes de fazer isso. Eles tiram o verde e vestem as outras cores.

ANNA: Sim! Elas trocam de roupa!

JOSEPHINE: Eu acho que as folhas trocam de cor umas com as outras.

Elas deixam as cores descerem de um ramo a outro. O vento diz para elas que está na hora. Ele vai para uma folha e aí essa folha vai para outra.

Signe: As folhas mudam de cor quando o inverno vai chegando [...] o vento fica mais forte e diz para elas mudarem.

Tenzin: Eu acho que o vento tem uma relação com [as folhas], mas como ela funciona é que o vento vem de um lugar diferente, tipo, do México, e no seu caminho até aqui ele diz para as folhas caírem em Oregon.

Signe: Talvez o vento diga isso para elas todos os anos, e dizem para elas tirarem a roupa, então elas tiram suas outras cores [...] a outra pele do outro ano.

Elke: Eu acho que o vento é a mãe das folhas, e a árvore é o pai das folhas, e o vento está dizendo para elas trocarem de roupa porque as roupas antigas estão sujas, e aí o pai delas deixa elas irem.

Aqui está a evidência de que as crianças buscam sentido ao fazer conexões com experiências e conhecimentos anteriores: uma impaciência de sair e jogar, pais que insistem na troca da roupa, o movimento do vento, o conceito de trocar de pele e até na migração sazonal. Também testemunhamos sua disposição de desenvolver as ideias umas das outras, trabalhando constantemente para a inclusão, para a compreensão, para fazer as coisas se encaixarem – para entender. A intenção de uma conversa científica é apoiar as crianças para que produzam perguntas e busquem respostas – duas das ferramentas mais poderosas da mente criativa.

TEXTOS COMPARTILHADOS: TRAZENDO AUTORES DISTANTES

Grandes livros também inspiram grandes perguntas, e lemos muitos deles. Na quietude de nosso inverno molhado e verde do Noroeste do Pacífico, a leitura de *Grandmother winter* (Vovó Inverno), de Phyllis Root e Beth Krommes (1999), envolveu-nos em uma perplexidade inspiradora. Nessa história, a Vovó Inverno é responsável por fazer uma colcha de retalhos de neve que torna o mundo branco no inverno. Então, as crianças se perguntavam: a Vovó Inverno mora em Oregon? Ela vai colocar sua colcha branca na *nossa* Casa do Inverno?

Matt: Eu acho que ela só dorme lá.

Scouten: Eu acho que ela põe tesouros lá que ainda não conhecemos.

Elke: Eu vi orvalho gelado nas janelas.

Anna: Talvez a colcha seja simplesmente uma nuvem.

Astrid: É quase primavera. Ela quer chegar, mas o inverno não deixa porque as flores estão aparecendo, mas ainda está frio.

Anna: Talvez a Vovó Inverno esteja colocando o inverno em cima da primavera.

Scouten: Eu acho que ela está dando um grande enigma para a gente. Temos que encontrar a colcha e transformar em inverno.

TENZIN: Talvez a gente possa encontrar a colcha – fazer nevar um pouco e depois fazer primavera.

A ideia de Scouten e Tenzin, de encontrar a colcha, inspirou um convite para trabalhar com materiais de colagem e fazer uma colcha para a Vovó Inverno. Usando vários materiais brancos e com grande esperança, as crianças trabalharam juntas para criar a colcha (ver Figura 12.4). Quando estava terminada, ficou pendurada em uma parede acima de um conjunto de trabalhos de argila que as crianças haviam feito para representar a nossa Casa do Inverno, e elas brincavam ali, contando histórias que imaginavam acontecer naquele lugar. Pensei nesse brinquedo criativo como o melhor que poderíamos fazer à medida que a primavera se aproximava, e me perguntava quais seriam os impactos sobre o entendimento das crianças do fato de terem lido e imaginado a neve sem o benefício de uma experiência real. Além disso, me preocupava com a sua alegria diminuída, tendo encontrado a colcha ao inventá-la, mas não conseguindo fazer ela ganhar vida. Elas estavam muito envolvidas na história. Será que a decepção interromperia esse envolvimento?

Mas então, como mágica, no dia anterior às férias da primavera, a Vovó Inverno atendeu aos nossos desejos, e ca-

FIGURA 12.4 As crianças contaram histórias em uma pequena Casa do Inverno que criaram com argila. A versão delas sobre a colcha da Vovó Inverno fica na parede.

minhamos com uma neve inesperada até os joelhos até a Casa do Inverno, para lhe agradecer (ver Figura 12.5).

Casualidades tão maravilhosas sempre me fascinam e proporcionam enigmas genuínos que permitem que também a imaginação, como Eisner escreveu, “alce voo” (2006, p. 222). É como se o campo da imaginação e da possibilidade, quando percorrido com experiência e reflexão, e em companhia de amigos, jogasse tesouros em seu caminho a cada esquina, fazendo você buscar mais. Com frequência, enquanto as crianças brincavam, eu ouvia partes de conversas como esta:

MARIA: As árvores conseguem entender as folhas.
ANNA: Bom, o pai é... Elke?
ELKE: A árvore. A tia é o sol.
LOU: Bom, quem é o primo?
ANNA: As estrelas.

UM PROJETO CULMINANTE: PINTANDO AS ESTAÇÕES

À medida que o fim do ano se aproximava, recorremos aos materiais para sintetizar nossas experiências. Como a pintura oferece infinitas opções de cor e forma, e o pintar em si, assim como as estações que evocamos, é um exercício de mudança, convidei as crianças a trabalhar em pequenos grupos para usar tinta acrílica sobre tela e criar uma imagem de cada estação. Elas responderam com profunda admiração pela relação com a alternância das es-

FIGURA 12.5 Todo mundo joga bolas de neve no ar para agradecer à Vovó Inverno por sacudir sua colcha.

tações (ver Figura 12.6). Ao considerar o trabalho, Signe, de 6 anos, escreveu:

> As pinturas me ajudam a ver o quanto as estações podem ser poderosas. O inverno é ventoso e frio, o outono é uma folha, no verão, é quente, quente, quente, e, na primavera, um arco-íris toca o orvalho enevoado. Elas nos ajudam a ter uma sensação.

A reflexão de Signe ilustra esta descrição de Elliott Eisner (2002, p. 63):

> As artes nos convidam a prestar atenção às qualidades de som, visão, paladar e tato para que as experimentemos; o que buscamos nas artes é a capacidade de perceber as coisas, não apenas de reconhecê-las. Temos permissão para reduzir o ritmo da percepção, olhar bem, saborear as qualidades que tentamos, em condições normais, tratar de forma tão eficiente que mal percebemos que elas estão lá.

As crianças estão ávidas para reduzir o ritmo, uma vez que esse ritmo alimenta sua curiosidade e traz novas oportunidades para experimentar fascinação e surpresa. As reflexões das crianças nos mostram o quão rico e satisfatório foi para elas dar-se o tempo para explorar as sensações das estações, reduzir o ritmo e representar essas percepções ao pintar com os amigos. Jaden, de 6 anos, escreveu:

> Ao olhar uma pintura por muito tempo, eu meio que sinto como era naque-

FIGURA 12.6 As crianças trabalham em conjunto, usando tinta sobre tela para evocar as estações.

> la época. Quando eu olho o inverno, eu sinto o ar frio passando; no outono, consigo ver as folhas caindo; no verão, eu consigo sentir os raios quentes do sol, e, na primavera, eu consigo ver as flores.

O ato de pintar e trabalhar em conjunto potencializou a percepção de suas ideias e sensações, permitindo que elas saboreassem as qualidades que vivenciaram ao longo do ano. Astrid, de 6 anos, perguntou: "E se a gente não soubesse a diferença entre todas as estações? E se você não conhecesse todas essas sensações?".

As perguntas de Astrid sempre me fizeram pensar. E *se* não conhecêssemos todas essas sensações? O que poderíamos entender? Que dádiva nós, seres humanos, recebemos, de poder evocar o mundo dos sentidos em nossa imaginação. Quanto mais rico for esse conteúdo imaginativo, maior a nossa oportunidade para estabelecer conexões com outras pessoas, próximas ou distantes. A criatividade é necessária, mas também nos *possibilita* entrar em nossas histórias particulares e estabelecer uma conexão com a experiência dos outros. Esse desejo é o poder da força estética. Conhecer a *sensação* das coisas possibilita que nos conectemos uns aos outros da maneira mais fundamentalmente humana.

APRENDENDO A VER COM NOVOS OLHOS: USANDO O PASSADO PARA IMAGINAR O FUTURO

À medida que as crianças crescem na Opal School e sua capacidade de se relacionar com outras pessoas ao longo do tempo e do espaço é ampliada, as artes continuam a apoiar a busca dos padrões que nos conectem a todos. Em Oregon, o estudo da história do estado deve acontecer nos anos intermediários, mas raramente é apresentado a partir da perspectiva de vozes além de pioneiros da rota da Oregon Trail. Na Opal, buscamos narrativas sobre Oregon para explorar no 4º e 5º anos que convidem os alunos a aprender história de maneiras que exijam cognição, emoção e fortalecimento de identidades. O poder da estética está em que ela reside na interseção dessas qualidades. Como escreve Michael Brenson (2004, p. 66):

> A resposta estética é milagrosa. Uma quantidade muito impressionante de informações psicológicas, sociais e históricas pode ser entretecida para formar uma única carga conectiva, cujos fios uma vida inteira de pensamento não conseguiria desembaraçar.

As artes nos permitem facilitar a continuidade entre racionalidade e percepção e preservar e valorizar a integridade da experiência humana.

Em um determinado ano, o nosso estudo de longo prazo sobre a história de Oregon concentrou-se na construção da barragem de Dalles e a consequente inundação das Cataratas de Celilo, no rio Columbia, e a experiência do povo Wy'am, que, durante 10 mil anos, pescou e criou suas famílias na área das cataratas. Em sua obra *In search of lost time*, Marcel Proust (2006, p. 657) escreve:

> A única verdadeira viagem de descoberta, a única fonte da Eterna Juventude, não seria visitar terras estranhas, mas possuir outros olhos, contemplar o universo através dos olhos de outro, de cem outros, para contemplar os cem universos que cada um deles contempla, que cada um é.

Esse estudo levou a todos nós nesse tipo de viagem.

O estudo da história pode ser renovado, original, cheio de possibilidades e ter como base o pensamento divergente. Convidamos as crianças a usar o que já sabiam e a experimentar o poder de suas próprias mentes, desafiando-as a compreender novas informações de maneiras únicas e pessoais. As artes proporcionaram oportunidades para que as crianças tornassem visível o conhecimento que desenvolviam sobre muitos aspectos da história das Cataratas de Celilo (ver Figura 12.7). Por meio de dramatização, argila, pintura, poesia e literatura, fizemos perguntas como as seguintes:

- Como podemos ver novos caminhos e conexões entre passado, presente e futuro?
- O que a história das Cataratas de Celilo tem a ver com a nossa identidade como moradores da região do Noroeste do Pacífico?
- Por que devemos nos lembrar do que aconteceu lá?
- Como a nossa aprendizagem pode afetar as escolhas que fazemos hoje?

PROCURANDO CONEXÕES, TERRENO COMUM E COMUNIDADE

As crianças pesquisaram a história das Cataratas de Celilo a partir de múltiplos pontos de vista durante os primeiros seis meses do ano letivo. Esse tempo aumentou seu potencial para entender as conexões entre essa história e muitas

FIGURA 12.7 As crianças usam argila para começar a construir uma maquete das Cataratas de Celilo.

outras, passadas e presentes, privadas e públicas. Para as crianças, Celilo tornou-se um ponto de referência para pensar sobre outras histórias dentro da História. O tempo dedicado a produzir sentido a partir dessa história de uma série de perspectivas, usando as artes, abriu as mentes das crianças às possibilidades de se conectar com outras histórias de conflito entre culturas em qualquer período da História. As conexões são o próprio material do sentido e do entendimento, como explicam Brown e Roediger (2014, p. 76):

> Praticamente não há limite para quanto aprendizado podemos lembrar, desde que o relacionemos ao que já conhecemos. Na verdade, como o aprendizado novo depende do anterior, quanto mais aprendemos, mais conexões possíveis criamos para aprender mais.

Nosso desafio é garantir que as coisas que esperamos ensinar se tornem parte genuína do repertório de aprendizagem anterior de cada criança.

No final do ano, pedimos às crianças que produzissem ensaios em resposta a essas questões:

- Como sua compreensão da história das Cataratas de Celilo lhe ajuda a entender outro caso de conflito na História dos Estados Unidos?
- Quais conexões você vê entre a história das Cataratas de Celilo e a história atual?

Esperava que essas perguntas fossem consideradas como enigmas que permitissem que a imaginação das crianças alçasse voo. Aqui estão algumas breves amostras dos ensaios:

Consegui sentir empatia pelos Wy'am por causa das peças que encenamos e dos textos que escrevemos, que realmente nos fizeram imaginar a perspectiva dos personagens que viviam naquele momento (ver Figura 12.8). Aprendi o quanto é importante ter sua voz representada no governo, porque o governo tem muito poder. Então, quando estudei a escravidão, eu usei o meu esquema (sobre o que aconteceu nas Cataratas de Celilo) para me conectar ao modo como o governo tornou a escravidão legal, depois ilegal, e depois criou as leis de exclusão de Oregon, tudo sem a opinião dos negros. (Sophie, 10 anos.)

Estudar a história das Cataratas de Celilo me ajudou a entender a Batalha de Little Big Horn. Isso nos lembra de que aquilo que queremos ou precisamos geralmente influencia o lado da história que escolhemos. O interesse pelo que aconteceu no passado ajuda a garantir que uma cultura não seja condenada por outra no futuro. (Davis, 10 anos.)

Acho que todos os alunos do 4º e 5º anos devem estudar as Cataratas de Celilo e o movimento pelo sufrágio feminino porque ambas as histórias têm relação com lutar pelo que você sabe que está certo. Os alunos precisam saber sobre pessoas que lutaram pelo que sabem que é certo, para ter modelos quando estiverem lutando. (Olive, 10 anos.)

Tanto os porto-riquenhos quanto a tribo Wy'am nas Cataratas de Celilo sofreram em nome do progresso e do dinheiro. Ambos perderam suas terras e casas, e ambos perderam um ambiente limpo e saudável, como o salmão subindo o rio Columbia e os produ-

FIGURA 12.8 Os alunos do 4º e 5º anos trabalham no ambiente de jogo dramático da sala referência para imaginar as perspectivas de quem estava nas Cataratas de Celilo.

> tos químicos que poluíram a água em Porto Rico. E o mais importante é que eles perderam sua cultura e sua identidade. (Karla, 10 anos.)

Os ensaios exigiam um alto nível de habilidade acadêmica tradicional, mas também imaginação e prática criativa. À medida que contemplavam a história, as crianças criavam novas perspectivas e novas possibilidades para compartilhar. Essa prática serve de suporte a uma futura cidadania que tem estratégias para viver com incerteza, ambiguidade, paradoxo e conflito, pois permite que as crianças assumam o futuro por meio de interpretações pessoais do passado. Cognição, emoção e identidade estão entrelaçadas.

APROXIMANDO-NOS O MÁXIMO POSSÍVEL UNS DOS OUTROS

Quando as nossas capacidades imaginativas têm chance de se conectar às de outros por meio de um texto de qualquer tipo – uma história, uma pintura, uma canção –, temos a oportunidade de ampliar a nossa compreensão do mundo e de nós mesmos, de dentro para fora. O dramaturgo Kenneth Lonergan (2003) escreveu para o *New York Times*:

> Eu acho que vivemos tanto em nossa imaginação – não apenas os artistas, mas todos – que, em alguns aspectos, a conexão imaginativa que você consegue estabelecer entre uma peça, um filme,

um livro, uma pintura ou uma música e seu respectivo público é a mesma que nós temos uns com os outros.

Na sala referência, esse processo criativo pode ser proposto como um processo intencional e colaborativo que desencadeie a imaginação e nos incentive a praticar o valor de ficarmos próximos uns dos outros. A imaginação nos dá a capacidade de que precisamos para considerar coisas que nunca experimentamos e as ferramentas de que precisamos para criar visões produtivas para o futuro. As crianças têm direito a dispor do acesso mais generoso que pudermos fornecer ao uso e ao desenvolvimento de suas capacidades criativas. Gostaria de dar a última palavra a Scouten, uma aluna da Opal School, de 7 anos. Ela recomendou:

> Deixe a criatividade fluir em sua mente e veja o que vem. A criatividade é como uma águia subindo na borda do vento, como um peixe deslizando na água, como uma aranha tecendo sua teia. A criatividade inspira ideias, e as ideias são vida.

REFERÊNCIAS

BRENSON, M. Art criticism and the aesthetic response. In: BRENSON, M. *Acts of engagement: writings on art, criticism, and institutions, 1993-2002*. Lanham: Rowman & Littlefield, 2004, c. 5, p. 65-72.

BROWN, P. C.; ROEDIGER, H. L.; MCDANIEL, M. A. *Make it stick: the science of successful learning*. Cambridge: The Belknap Press of Harvard University, 2014.

EISNER, E. W. *The arts and the creation of mind*. New Haven: Yale University, 2002.

EISNER, E. The satisfactions of teaching: how we teach is ultimately a reflection of why we teach. *Educational Leadership*, v. 63, n. 6, p. 44-46, 2006.

GALLAS, K. *Imagination and literacy: a teacher's search for the heart of learning*. New York: Teachers College, 2003.

GALLAS, K. *Talking their way into science: hearing children's questions and theories, responding with curricula*. New York: Teachers College, 1995.

KEENE, E. O. *To understand: new horizons in reading comprehension*. Portsmouth: Heinemann, 2008.

LONERGAN, K. *Spring theater: in times like these*. 2003. Disponível em: <https://www.nytimes.com/2003/02/23/theater/spring-theater-in-times-like-these.html>. Acesso em: 23 jul. 2018.

PROUST, M. *In search of lost time*. London: Wordsworth, 2006. (Obra original publicada em 1913).

RINALDI, C. *In dialogue with Reggio Emilia: listening, researching and learning*. London: Routledge, 2006.

RINALDI, C. The pedagogy of listening. *Innovations in Early Childhood Education: the International Reggio Exchange*, v. 8, n. 4, p. 1-4, 2001.

ROOT, P.; KROMMES, B. *Grandmother winter*. Boston, MA: Houghton Mifflin, 1999.

SCHWALL, C. Relational creativity. *Questions that matter: Exploring sustainability and creativity*. Palestra no Winter Institute do St. Louis Collaborative, St. Louis, 2008.

13

No espírito do ateliê

Charles Schwall, Lella Gandini,
Lynn Hill e Louise Cadwell

Neste capítulo de conclusão, nós, os quatro organizadores, contamos uma história que revela o espírito do ateliê, à medida que ele ultrapassa os muros da escola e as formas tradicionais de pensar sobre materiais e arte. Nossas histórias também apresentam exemplos do que é mais importante para cada um de nós em nosso trabalho atual e de que forma a inspiração no trabalho de Reggio Emilia assume em cada uma de nossas vidas atualmente, 10 anos após a publicação da 1ª edição do original deste livro.

Charles Schwall descreve uma parceria em St. Louis, entre uma escola, uma galeria de arte contemporânea e a comunidade local. Lella Gandini conta uma história em que crianças da School for the Deaf of New Mexico exploram materiais e forças naturais de maneiras incomuns. Lynn Hill escreve sobre como a estética pode enriquecer, de maneiras inesperadas, a vida de crianças e famílias menos favorecidas economicamente. Louise Cadwell estabelece conexões entre nosso instinto de amar o mundo natural, nossa sensibilidade estética intuitiva e as possibilidades nas escolas.

Esperamos que vocês, nossos leitores, identifiquem-se com essas histórias e descubram e contem as suas, para que esse tipo de trabalho possa inspirar outros a criar uma vida mais aberta, criativa e esperançosa nas escolas.

Design, invenção, jogo: envolvendo a cultura contemporânea

Charles Schwall

É noite de abertura, e a Bruno David Gallery, em St. Louis, está lotada. Visitantes, parentes, amigos, jovens e crianças andam pela galeria, descobrindo novas ideias em cada espaço. A exposição é como uma geradora de pensamentos. Modelos, protótipos e desenhos de invenções estão cuidadosamente pendurados nas paredes ou colocados nos espaços da galeria. Grandes gravuras retratando estruturas arquitetônicas importantes encontradas em todo o mundo, feitas por alunos do 5º ao 8º ano, adornam duas grandes paredes. Maquetes de casas em árvores inspiradas no ambiente natural, feitas por alunos do 1º e 2º anos, estão dispostas em prateleiras pequenas perto da entrada da galeria.

Projetos e modelos de sapatos esportivos ocupam uma posição de destaque perto da entrada para a sala dos fundos. No centro da galeria, são apresentados projetos de objetos da vida cotidiana, como móveis, cadeiras, mesas e potes de cerâmica (ver Figura 13.1). Uma animação em vídeo criada pelos alunos passa em uma tela na nova sala de mídia da galeria.

Jovens estudantes animados passam rapidamente pela galeria com seus pais atrás deles, tentando acompanhar o ritmo. Os alunos apontam ansiosamente as coisas que fizeram, impacientes para contar aos pais sobre suas realizações. Em todo o lugar, as crianças estão explicando aos pais e a outros adultos os aspectos mais profundos de suas criações. Há naturalidade nas descrições, e uma segurança que vem do fato de terem criado algo por conta própria. De repente, a galeria se enche da música de um grupo de alunos, vários dos quais estão se apresentando pela primeira vez.

A noite descrita aqui ocorreu em 18 de janeiro de 2014, quando a Bruno David Gallery, em St. Louis, organizou a exposição *Design, invenção, jogo*, com trabalhos de alunos da St. Michael School of Clayton. Os trabalhos que estavam em exposição foram gerados a partir de um projeto de pesquisa que abrangia toda a escola, centrado nos elementos de *design* contemporâneo. Essa não foi a primeira vez que um projeto de pesquisa de toda a escola foi apresentado na comunidade de St. Louis. A St. Michael School tem mais de duas décadas de histórico com projetos de pesquisa temáticos, interdisciplinares e

FIGURA 13.1 O *vernissage Design, invenção, jogo*, na Bruno David Gallery.

de documentação e exposição com alunos da educação infantil e do ensino médio.

Jovens alunos são pesquisadores naturais, e o estudo de 2013 a 2014, com um ano de duração, proporcionou muitas experiências de aprendizagem significativas, conectadas ao campo multifacetado do *design*. Todas as crianças da escola foram representadas na mostra, da educação infantil ao 8º ano. Os alunos se postaram orgulhosamente ao lado de seus trabalhos, respondendo às perguntas dos visitantes e organizando os debates. O objetivo da exposição, bem como do projeto da escola, foi usar as diferentes áreas do *design* como um poderoso contexto para a aprendizagem e o conhecimento dos alunos. O evento celebrou o desejo inato das crianças de construir, inventar e criar.

A Bruno David Gallery é especializada em mostrar o trabalho de artistas contemporâneos, cumprindo um papel vital na comunidade artística de St. Louis. Às vezes, a galeria trabalha com escolas e programas educacionais para criar e receber exposições que beneficiem o público. A St. Michael School trabalhou com a Bruno David Gallery em 2007, e outra oportunidade apresentou-se no ano letivo de 2013 a 2014.

Desde 1992, o envolvimento com o trabalho em Reggio Emilia tem sido fundamental para a pedagogia da escola, de forma profunda e envolvente. Ao longo dos anos, a escola recebeu, sozinha ou em parceria, milhares de educadores para o diálogo e a aprendizagem sobre a abordagem de Reggio Emilia. Em maio de 2004, o St. Louis Collaborative promoveu uma conferência – *Creativity doesn't fall from the sky: education and the expressive languages* – em parceria com a Webster University e a Washington University, em St. Louis. Vea Vecchi (2004) viajou da Itália para St. Louis como palestrante principal. As ideias apresentadas na conferência tiveram uma influência importante na escola e continuam crescendo e evoluindo até hoje.

Durante os dois dias da conferência, Vea incentivou os educadores a assumir um papel ativo em suas cidades ou comunidades e a pensar além dos muros da escola ao organizar o currículo. Ela também desafiou os educadores a adotar a arte e a cultura contemporâneas como um recurso para embasar projetos e experiências de aprendizagem. Por meio de exemplos compartilhados de *Children, art, and artists* (VECCHI; GIUDICI, 2004), um projeto cultural derivado do trabalho do artista italiano Alberto Burri, Vea incentivou os educadores a considerar como o pensamento artístico poderia ter lugar dentro do currículo escolar. Ela definiu esse pensamento como um equilíbrio entre o racional e o emocional, entre pesquisa e inovação. Os jovens alunos podem produzir sentido a partir do trabalho dos artistas contemporâneos quando lhes é proporcionado o contexto apropriado. Em vez de pedir aos alunos que imitem a aparência, o estilo ou os resultados do trabalho de um artista, uma estratégia mais eficaz é colocar os processos de aprendizagem das crianças lado a lado com a prática criativa do artista. Isso acontece quando os processos de pensamento, as motivações e as técnicas dos materiais de um artista são apresentados às crianças, e, então, elas têm liberdade para descobrir os caminhos de seu próprio trabalho. Essa abordagem com relação ao ensino respeita o trabalho das crianças e do artista de forma igual. Inspirados pela conferência, os professores da St. Michael trabalharam ao longo dos anos para estabelecer relacionamentos importantes com museus, galerias e outras instituições culturais. Por mais de uma década, a escola associou-se a organizações em St. Louis para orientar e revigorar os programas escolares. A exposição *Design, invenção, jogo* foi o resultado natural de uma década de envolvimento com a comunidade de St. Louis.

Durante 20 anos, lecionei para alunos da educação infantil e dos anos iniciais do ensino fundamental como professor de arte em ateliê, participei da construção de documentação e ajudei a promover pesquisa e colaboração entre os professores. Como pintor, tenho meu ateliê, minha prática criativa e meu cronograma de exposições próprios. Minha esposa é escultora profissional e, juntos, visitamos museus em busca de novas ideias e incentivamos um ao outro a pensar de novas maneiras. Por muitos anos, a reciprocidade entre o ensino de crianças muito pequenas e a criação da minha própria arte foi muito gratificante, provando ser inestimável para a minha carreira e a minha vida.

Na primavera de 2013, eu estava pronto para um novo desafio como educador. Beth Mosher, diretora da escola, imaginou um novo papel para mim: a escola precisava de uma pessoa com um papel pedagógico para ajudar a organizar o currículo e a documentação dos projetos de pesquisa interdisciplinar. A documentação pedagógica requer muito tempo e esforço, visto que os professores estão empenhados nos processos intensos de escrever, editar e criar *layouts* gráficos para transmitir a aprendizagem dos alunos. No fim do ano letivo de 2013, deixei a posição que ocupava havia muito tempo como professor de ateliê e assumi o novo cargo de curador pedagógico da escola. Nossa visão era de que, nesse novo cargo, poderia apoiar os projetos inovadores da escola e descobrir novos caminhos para transmitir as experiências de aprendizagem vitais e inovadoras que ocorrem nela. As experiências dinâmicas de aprendizagem no ambiente escolar desaparecem facilmente se não forem postas em uma forma compreensível que possa ser comunicada, como fotos, anotações e observações escritas, painéis de documentação, publicações e exposições. A curadoria da exposição na Bruno David Gallery foi resultado desse novo papel.

Para o projeto de pesquisa *Design, invenção, jogo*, os professores consideraram como o trabalho de artistas, *designers* e inventores poderia se tornar um foco central no currículo da escola. Os alunos estudaram o trabalho de muitos artistas, *designers* e inventores contemporâneos. Eles entraram em contato com o mundo do *design* de muitas maneiras diferentes e aprenderam a reconhecê-lo no mundo à sua volta: em construções, pontes, objetos cotidianos encontrados em casa, como móveis, colchas e potes de cerâmica, roupas e outros itens funcionais (ver Figuras 13.2 e 13.3). Os alunos usaram eventos culturais locais e internacionais: a exposição pelo 250º aniversário da cidade de St. Louis e os Jogos Olímpicos de Inverno de 2014 em Sochi, na Rússia. Eles estudaram o trabalho dos artistas contemporâneos Schotten e Baijings e dos *designers* Charles e Ray Eames, para citar alguns.

Exposições em museus de arte e outras instituições culturais podem ser um recurso valioso para fortalecer a aprendizagem. Os educadores podem encontrar

FIGURA 13.2 Gravuras de arquitetura e *design* de móveis na exposição *Design, invenção, jogo*.

FIGURA 13.3 *Design* de calçados esportivos na exposição *Design, invenção, jogo*.

formas novas e inovadoras de trabalhar com exposições:

- Grupos de professores podem visitar uma exposição juntos, antes de levar os alunos, para ter tempo de formular hipóteses sobre rumos que possam surgir. Eles podem fazer perguntas exploratórias, como: Quais aspectos da exposição têm mais potencial para envolver os alunos? Como os alunos podem responder a trabalhos específicos? Quais são as implicações dessa exposição para a pesquisa, o ensino e a aprendizagem escolares?
- Os professores podem pensar antecipadamente sobre as grandes ideias que uma exposição pode abordar e os resultados possíveis.
- Em vez de visitar um museu apenas uma vez, os alunos podem ver a mesma exposição várias vezes ao longo de um período de semanas ou meses, a fim de desenvolver uma compreensão mais profunda do trabalho. Eles costumam ter reações profundas quando retornam várias vezes a um trabalho ou a uma exposição.
- As publicações sobre exposições, a *internet* e os *tablets* são maneiras eficientes de acessar exposições que acontecem em outras cidades ou locais.

A exposição *Design, invenção, jogo* ofereceu muitas oportunidades para a aprendizagem de alunos e adultos. Enquanto a mostra estava acontecendo, grupos de estudantes voltaram à galeria para revisitar e discutir seu trabalho. Como curador, colaborei com os professores e escrevi uma declaração curatorial e um guia da galeria que oferecia informações sobre a mostra. Quando a exposição terminou, muitas das obras foram reinstaladas na escola, juntamente com painéis de documentação que destacavam os processos de aprendizagem dos alunos.

A decisão de criar a exposição *Design, invenção, jogo* desencadeou um ciclo dinâmico de eventos e oportunidades para aprender, dando vida aos valores estéticos das artes ligados a exposições, publicações e *performances* (WEISS; LICHTENSTEIN, 2008). Os alunos foram incentivados a preparar suas melhores obras de arte para a galeria e música para o evento noturno, e refletiram sobre como os espectadores e o público poderiam receber seu trabalho. Os professores se dedicaram aos processos curatoriais enquanto trabalhávamos com o diretor da galeria para publicar um catálogo que acompanharia a exposição. A mostra tocou a comunidade de muitas maneiras interessantes, tornando o trabalho da escola, seus alunos e seus professores visíveis, compreensíveis e bonitos.

Uma visita à escola: observando e escutando

Lella Gandini

Em novembro de 2013, tive a felicidade de participar de lindas visitas a escolas para surdos no Novo México, em Albuquerque e Santa Fé. Elas foram fundadas em 1887 por Lars Larson e sua esposa, que sonhavam em estabelecer uma escola permanente onde crianças surdas e com deficiência auditiva pudessem receber educação de boa qualidade. Durante 129 anos, as escolas de Albuquerque e de Santa Fé ofereceram serviços educacionais e de apoio abrangentes e acessíveis a crianças e jovens entre 0 e 21 anos, de todo o estado do Novo México. Qualquer criança ou jovem que resida no estado e que tenha uma perda auditiva diagnosticada pode se candidatar a uma vaga. Estudantes do Novo México frequentam gratuitamente. Crianças e jovens que estão matriculados em programas de escolas públicas, suas famílias e suas equipes educacionais podem se candidatar a serviços de extensão.

As escolas de Albuquerque e Santa Fé foram inspiradas na abordagem de Reggio Emilia. Elas me fizeram ver, mais uma vez, que considerar crianças competentes, habilidosas, curiosas, imaginativas e comunicativas é a chave para o sucesso e o bem-estar de todas as crianças e também de seus professores, que passam um tempo tão intenso e concentrado juntos.

A atmosfera silenciosa de uma bela escola para crianças surdas era algo que eu não tinha vivenciado, e sou muito grato ao diretor Scott Mohan, que visitou as escolas de Reggio Emilia. Com a ajuda de um intérprete, Scott me guiou pela Santa Fe School e explicou muitas iniciativas que tomou e como dava apoio às famílias.

É claro que a descoberta dos materiais e uma boa relação com eles servem de apoio às habilidades de comunicação das crianças de forma agradável e harmônica. À medida que os professores disponibilizam materiais, as crianças são convidadas a inventar e "contar" histórias sobre sua transformação.

Na Santa Fe School, o que me pareceu brilhante foi ver crianças pequenas, provavelmente de 3 anos de idade, usando um pequeno secador de cabelo para explorar o vento e fazer transformações na tinta sobre uma mesa baixa. É por isso que pedi a Scott e Sha Shonie Reins, professora de educação infantil, para contar a seguinte história em nosso livro sobre o ateliê. Eles a oferecem a *todas* as crianças.

A força do vento

Sha Shonie Reins, com Scott Mohan

Os interesses das crianças no vento e no ar começaram com a leitura da história de *Os três porquinhos e o lobo mau*. Decidimos ajudar as crianças para que entendessem como diferentes materiais respondem quando se tenta fazer pressão para movimentá-los. Esse interesse foi provocado quando as crianças perceberam como cada uma das casas dos porquinhos foi destruída pelo sopro do lobo mau. Uma das atividades envolveu colocar palha, tijolos e palitos de madeira na frente das crianças para ver como esses itens poderiam ser movidos pelo sopro.

O experimento não foi suficiente para que as crianças compreendessem o poder do vento. Por meio da observação e do diálogo com outros colegas, pensamos em como ampliar o conceito de vento e da energia por trás de sua força. Um ventilador giratório grande foi trazido para a sala referência como provocação para as crianças experimentarem e entenderem a energia do vento. As crianças usaram os mesmos materiais da história e os colocaram na frente do ventilador, e observamos que elas perceberam que os materiais se moviam de forma diferente.

Logo depois, as crianças começaram a mudar seu foco e demonstraram mais interesse em usar o ventilador como ferramenta para entender o poder do vento. Lentamente, começaram a experimentar diferentes materiais com o ventilador. Dessa vez, o experimento foi dinâmico para as crianças. Essa foi uma boa oportunidade para eu ler uma nova história, *The wind blew*, a qual ajudou as crianças a ampliar o conceito de vento. Em pouco tempo elas começaram a reunir materiais diferentes para fazer experimentos com o ventilador e ver a diferença entre objetos pesados e leves e quais seriam levados e quais não o seriam.

Essa investigação também as levou a experimentar diferentes maneiras de gerar ar. Elas usaram canudos para gerar o seu próprio vento e experimentaram diferentes materiais, como tinta. Soprando, descobriram mudanças simples, mas importantes, em sua tinta, como bolhas que se desenvolvem a partir do ar e criam pequenas manchas, bem como a tinta se misturando nas bordas.

Também descobriram que era necessário muito esforço de sua parte para soprar canudos, comentando o quanto era difícil respirar depois de fazer isso. Elas também comentaram que a tinta se movia muito devagar quando elas a assopravam com canudos. Estava claro que as crianças estavam cansadas de soprar. Naquela tarde, elas tiveram a oportunidade de se rever e observar no vídeo em que sopravam tinta com seus canudos.

Após alguma reflexão sobre como aumentar o interesse das crianças no estudo do vento e no uso de materiais, mostramos um secador de cabelo à turma. Essa escolha se baseou em observações de que as crianças ficaram muito focadas sobre a dificuldade de usar os canudos para manipular a tinta. Acrescentar o secador de cabelo foi uma das provocações na qual acreditamos que poderia gerar reflexão e proporcionar uma nova maneira de ver como a força e a velocidade do vento podem dar nova forma à sua pintura.

As crianças tinham alguma experiência anterior no uso do secador de cabelo, que não era uma ferramenta nova para investigação, porém o conceito de usar o secador com tinta era novo para elas. Deixou-se que explorassem e experimentassem com o secador. Em pouco tempo, elas descobriram as alegrias de experimentar com tinta. Os canudos foram substituídos por secadores de cabelo. As crianças ficaram parcialmente motivadas por ter vislumbrado resultados semelhantes aos que haviam tido com os canudos. Elas ainda se revezaram e participaram dessa atividade. Para sua surpresa, fizeram várias descobertas (ver Figuras 13.4 e 13.5).

Durante essa investigação, observamos as crianças transformarem a maneira como usavam o secador de cabelo. Elas conseguiram usá-lo de uma maneira nova, inclinando-o em diferentes direções e observando os resultados dos borrifos de tinta. Alguns salpicavam lateralmente ou para cima, borbulhando. Elas experimentaram o material reagir e responder enquanto observavam a pintura se fundir em cores diferentes, girando de maneira que criava novas imagens para que elas as interpretassem. Além disso, observaram a pintura sendo movimentada rapidamente pelo ar e a rapidez com que o trabalho que estavam fazendo mudava com o movimento do secador e a proximidade do ar. Quanto mais próxima a fonte de ar estivesse da tinta, mais a pintura "se movia e mudava". Quanto mais longe seguravam o secador, menos movimento de ar e menos mudanças na pintura eram observadas.

FIGURA 13.4 Uau!

FIGURA 13.5 A tinta se move muito mais rápido no papel com o secador.

Algumas crianças fizeram tentativas mais ousadas de manipular o processo, despejando tinta do recipiente e posicionando o secador de cabelo em direção a ele para ver o que aconteceria. Para a alegria das crianças, a pintura salpicou toda a mesa, em pequenos pontos. Um menino, Kane, notou que a tinta salpicava nas minhas calças e naturalmente achou fascinante. Depois de negociar um pouco comigo, decidiu que seria melhor tentar colocar a tinta nos meus braços, em vez de nas minhas calças.

Esse experimento motivou as crianças a começar a pensar na diferença entre usar o secador de cabelo e usar canudos para soprar. Foram feitos diferentes comentários* sobre o uso dos canudos.

> Eu não consigo soprar mais, fiquei cansada. (Lorena, 3 anos.)
>
> Eu não consigo soprar pelo canudo. (Tav, 3 anos.)
>
> Soprar dificulta respirar. (Sybella, 3 anos e 6 meses.)
>
> Fiquei cansado depois de soprar muitas vezes. (Kane, 3 anos e 6 meses.)

Enquanto sopravam tinta com um secador de cabelo, as crianças se concentraram na facilidade e na rapidez com que a tinta se espalhou. A experiência de se cansar de soprar por canudos foi importante para elas, e comentaram que usar o secador de cabelo era mais divertido e mais fácil. As crianças também tiveram a oportunidade de rever e observar suas imagens em vídeo usando o secador.

Alguns dos comentários foram:

> A tinta se espalhou em áreas maiores. (Sybella, 3 anos e 6 meses.)
>
> O secador de cabelo faz a tinta se espalhar por tudo. (Tav, 3 anos.)
>
> A tinta se mexeu mais rápido. (Kane, 3 anos e 6 meses.)
>
> Uau! (Lorena, 3 anos e 6 meses.)

Achamos incrível que objetos simples como o secador de cabelo, canudos e um ventilador possam mudar a compreensão e as perspectivas das crianças sobre o vento. Essas ferramentas, principalmente o secador de cabelo, nos levaram a encaminhar a pesquisa em uma direção diferente, resultando em novas investigações. Algumas crianças continuaram investigando o conceito de vento com diferentes materiais. Novas conexões foram estabelecidas entre as suas descobertas e investigações. Elas ficaram curiosas com relação à sua própria respiração, principalmente sobre respirar na água e fazer bolhas. Essas conexões as levaram a partir de seus conhecimentos recém-descobertos e aplicar esses conceitos na área dos blocos e na mesa sensorial. Tendo em mente os interesses das crianças em dificuldades respiratórias durante as descobertas sobre soprar por canudos, apresentei-lhes a uma nova experiência, na qual compararam a dificuldade de soprar 1 vela e 10 velas.

O conceito de vento e ar lhes pareceu simples no começo, porém, no final, ficamos fascinados com o fato de que esse projeto tinha inúmeras possibilidades e formas diferentes de experimentar com o ar, o vento e os materiais. Tudo começou com uma simples história dos três porquinhos.

* Os comentários das crianças foram feitos em Língua americana de sinais e traduzidos para o inglês.

Combatendo a pobreza com estética

Lynn Hill

A sala cavernosa tem paredes feitas de blocos de concreto, as quais estão pintadas com aquele estranho tom de verde industrial. O teto é extraordinariamente alto, o que garante que o som repercuta e faça eco, como em um hangar de avião. De um lado do espaço, há uma longa série de janelas que dá para um estacionamento e algumas lixeiras. Entretanto, prestando atenção, você conseguirá sentir aromas maravilhosos e a sensação de excitação. Há uma fila muito longa de crianças e adultos ávidos na porta, aguardando sua vez. É verão, está na hora do almoço e chegou o momento de servir uma refeição grátis aos necessitados. Mesmo que não haja aulas, a cantina da Narrows High School ainda está em pleno funcionamento e foi transformada em um lugar onde moradores do Condado de Giles que tenham fome podem encontrar almoço quente, cinco dias por semana.

O bonito e problemático Condado de Giles, Virginia

O Condado de Giles, onde moro, está localizado no sudoeste do estado da Virginia, em uma região remota dos Appalaches. O condado é de uma beleza impressionante, com algumas das montanhas mais altas do leste dos Estados Unidos, o espetacular New River, o rio que o atravessa diretamente, lindas cachoeiras e trilhas para caminhadas, bem como quatro estações que mudam a aparência do condado todos os anos – cada uma mais bonita do que a anterior. No entanto, a realidade é que muitos dos 17 mil cidadãos do meu condado são pobres, muito pobres, mesmo. Estatísticas recentes sobre a pobreza mostram que 54% das crianças menores de 6 anos vivem 200% abaixo do Nível Federal de Pobreza, em comparação com uma média nacional de 44,6%. Giles foi designado como Medically Underserved Area (MUA), com apenas seis médicos. Infelizmente, 47% das nossas adolescentes estão grávidas quando completam 19 anos e, sem fonte local de cuidados pré-natais, elas tentam, com dificuldade, encontrar opções de atendimento de saúde em municípios vizinhos. As cifras de casos confirmados de abuso e negligência a crianças estão entre as mais altas do estado, muitas vezes causados por problemas com drogas nas famílias. Os abusos de medicamentos controlados, metanfetamina e, mais recentemente, heroína perfazem quase 95% das prisões por crime no condado. *And – the children are hungry* (GILES COUNTY, 2012).

Há muitos cidadãos em Giles que trabalham por nossas crianças e encontram formas de romper o ciclo da pobreza. Em um condado com tão poucos recursos, essa tarefa revelou-se difícil.

Scott Meade, superintendente assistente das Escolas do Condado de Giles, disse: "Há anos eu me preocupo porque algumas de nossas crianças têm fome durante as férias de verão. Infelizmente, eu até já observei onde as crianças perderam peso durante esse período". Então, em 2012, Scott e sua competente e apaixonada colega, Christy Lawson, se candidataram a uma cobiçada verba do United States Department of Agriculture (USDA) para sediar um programa Summer Meals. Com muita celebração, a verba foi concedida, e o projeto ganhou vida própria. Uma das duas únicas escolas de ensino médio do condado prontificou-se a oferecer o espaço da cantina para o programa. Foram planejados os menus e recrutados os voluntários. As famílias foram avisadas por vários meios (folhetos enviados a casa com alunos das escolas, avisos em postos de saúde, creches, escolas, anúncios de jornal e folhetos publicados em todo o condado). Todas as crianças receberiam um almoço grátis, e os adultos pagariam dois dólares. Devido ao caráter muito rural do nosso condado, era preciso organizar transporte, e motoristas de ônibus ofereceram-se como voluntários para dirigir vários quilômetros até as várias casas mais distantes e estacionamentos de *trailers*, onde poderiam encontrar crianças interessadas em pegar um ônibus para ser transportadas ao almoço e depois ser trazidas de volta.

Foi durante esse tempo que meus amigos e eu (The Giles Early Education Project, também conhecido como GEEP) perguntamos se poderíamos oferecer um espaço para atividades/ateliê na parte dos fundos da cantina. Esperávamos que, depois de desfrutar de um nutritivo almoço, as crianças pudessem brincar e explorar juntas por algum tempo.

Um conceito difícil

Vea Vecchi (2010, p. 10) disse algo muito forte e que tem muita sintonia com esse programa:

> Não é confortável nem simples falar de beleza e estética em um mundo atormentado por injustiça, pobreza, repressão e crueldade. A beleza e a estética podem parecer ideias tão efêmeras e distantes da vida diária que nos sentimos quase envergonhados de falar delas. Ao mesmo tempo, podemos sentir como elas opõem, à fragilidade aparente, uma força e uma resiliência extraordinárias, que derivam dessa própria fragilidade intrínseca.

A ideia de combater pobreza com estética pode parecer incomum para alguns. Contudo, juntos, os membros do GEEP arregaçaram as mangas e criaram um espaço, com um senso de oportunidade incalculável. Abastecemos esse espaço com materiais ecléticos e doados. Criamos um cronograma que permitia que cada um de nós dispusesse de um tempo prolongado com as crianças para que pudéssemos construir relacionamentos e desfrutar de estar juntos. Decidimos que cada um de nós ofereceria nossos talentos únicos à causa. Em nosso grupo de educadores, temos um poeta, um escritor, um pintor, um artista de vitrais e um arteterapeuta. Pensamos que as crianças adorariam essa oportunidade, mas, inicialmente, nos enganamos.

O primeiro verão

O cenário era algo que nenhum de nós havia vivenciado até então. Após o almoço, as crianças, de forma relutante e hesitante, passaram das mesas de comer à parte de trás da cantina, onde estávamos esperando. Elas nos olhavam com olhos reticentes, e estavam silenciosas e desconfiadas. Com suave encorajamento, as convidamos para se juntarem a nós no ateliê. Muitas estavam completamente confusas. Nossa tentativa de oferecer tinta e papel foi recebida com perplexidade por algumas crianças. Um menino de 8 anos me disse: "Eu nunca peguei em um pincel na minha vida". Por mais que eu tentasse convencê-lo e tranquilizá-lo, ele só conseguia ficar de pé e olhar para os materiais. As crianças que haviam se sentado à mesa em silêncio e sem interesse aplicaram tinta no papel e depois saltaram, às vezes deixando o trabalho sobre a mesa, outras vezes jogando-o no lixo. Sabíamos que teríamos de encontrar uma maneira de "fisgar" essas crianças.

Começamos a nos sentar com elas enquanto almoçavam e a trazer pequenas pistas sobre o que lhes prepararámos para aquele dia no ateliê. As crianças pareciam intrigadas quando lhes oferecíamos minúsculos pedaços de fita isolante, uma bolinha de argila ou um pequeno conjunto de pétalas. "Que porcaria eu devo fazer com isso?", perguntavam. Simplesmente encolhíamos os ombros e as convidávamos para se juntarem a nós no ateliê e responder a essa pergunta.

Parte do nosso desafio estava no fato de termos crianças de 15 meses a 15 anos sentadas lado a lado em nosso ateliê. Começamos a proporcionar uma série de experiências que poderiam ser desfrutadas por muitas idades diferentes. Ao longo de várias semanas, oferecemos tintas a serem exploradas – acrílica, têmpera, "*biocolor*", aquarela. Foram investigados vários tipos de papel – de desenho, de aquarela, *contact* e lenço. Vários tipos de cola foram considerados – plástica, cola de mosaico com vidro e várias fitas. E, por fim, a criança de 8 anos que nunca havia pintado pegou um pincel (ainda de pé), mergulhou na tinta e fez a primeira marca de sua vida. Eu tive vontade de chorar.

Aos poucos, mas com segurança, o grupo, que variava de 20 crianças em um dia calmo a 70 em dias especialmente ativos, começou a confiar em nós, e estava muito mais ávido para participar da mesa. Não muito tempo depois disso, elas se apelidaram de *The lunch bunch* (A turma do almoço), trabalhando juntas, incentivando-se mutuamente a ser criativas e a cobrir as paredes e janelas com o trabalho (ver Figura 13.6). No fim do verão, as crianças recolheram com entusiasmo e cuidado suas preciosas obras e as colocaram em pastas para levar para casa. Elas ficaram muito empolgadas quando lhes demos presentes de fim de verão: aquarelas e papel, para que pudessem levar para casa um pedacinho do ateliê.

O segundo verão

No início do segundo verão, ficamos muito felizes de nos reencontrar. Uma criança correu até mim e disse: "Você sabe quem eu sou? Talvez você não me reconheça porque eu cortei o cabelo". Outra trouxe uma aquarela que tinha pintado em casa, que foi direto para a parede como forma de começar a nossa galeria do *Lunch bunch*, segunda temporada.

As coisas estavam diferentes do nosso primeiro verão. A atmosfera era otimista e divertida. As crianças novas foram bem recebidas à mesa e eram orientadas por seus amigos mais experientes.

Tammie Sarver, membro do grupo GEEP, passou algum tempo com o *Lunch bunch* semanalmente. Depois de um dia mexendo com tintas e pedras recolhidas de um dos nossos muitos riachos, ela disse:

> Em todas as experiências que eu ofereço, eu incluo objetos encontrados. Eu quero que as crianças colham os benefícios do uso de materiais de arte não tradicionais, mas, mais importante, quero

FIGURA 13.6 A cafeteria começa a brilhar à medida que as crianças contribuem diariamente para a sua "galeria", sempre em evolução.

> lhes transmitir a mensagem de que os materiais de arte, os recursos, a simetria, o *design* e a beleza estão ao nosso redor e é só pegar. Eu coletei pedras de um riacho perto do estacionamento de *trailers* onde sei que algumas das crianças moram. Elas reconheceram essas pedras como de um tipo que se encontra com frequência na água, em Giles. Naquele dia, enquanto elas pintavam as pedras, eu podia sentir uma conexão entre mim e elas, e também entre elas e o lugar onde moravam.

À medida que as crianças iam ficando mais à vontade e confiantes em nossa presença, e, enquanto as mãos estavam ocupadas, elas começaram a contar suas próprias histórias. Infelizmente, as histórias revelaram sua compreensão, semelhante à adulta, sobre as dificuldades que surgem quando uma família está vivendo na pobreza. Algumas conversas foram assim:

> Vocês sabiam que dá para comprar comida de graça na Missão, na terça? [...] e quase não tem manchas marrons nas bananas.

> Assim que a gente se recuperar, vamos ter luzes de novo.

> O meu pai perdeu emprego, então estamos hospedados no abrigo [de sem teto] por um tempo [...] até que é legal lá. Tem beliches e uma televisão.

> Um policial nos pegou no caminho até aqui – só porque meu pai não tinha um adesivo. Como é que vamos pagar pensão para a minha irmãzinha e a multa?

> Esse é o sapato que eu vou ganhar para a escola [mostra um anúncio da Walmart, dobrado muitas vezes, que levava no bolso todo o tempo]. A minha mãe disse que talvez a gente possa pensar nisso no dia primeiro.

Eu tenho seis irmãos e sete meios-irmãos. Eu disse: Como você mantém todos na linha? Eu só sei o nome de quatro, mas achamos que vamos estar todos juntos em breve.

Eu preciso muito de uma radiografia de tórax porque todos dizem que eu tenho pneumonia. A gente espera que a minha mãe venha hoje e me leve ao médico.

O meu aniversário está chegando. Eu disse: "Quantos anos você vai fazer?". Eu não tenho certeza. "Bem, quantos anos você tem agora?" Seis. "Então, o que vem depois do seis?" Após uma reflexão visivelmente profunda: Sete?. "Que legal! Vamos comemorar o sete!" O que se seguiu foi um dia no qual procuramos sete miçangas, sete flores, sete telhas de teto, sete janelas.

Com toda essa informação, percebemos que tínhamos uma ampla gama de problemas a considerar, e determinar qual deveria ser tratado antes poderia ser assustador. Com muita *esperança*, escolhemos fazer o que podíamos fazer melhor. Com as sábias palavras de Vea em nossos corações, mãos e mentes, começamos a vislumbrar maneiras de as crianças se juntarem para ter experiências de grupo pacíficas e estéticas. O *Lunch bunch* decidiu que era hora de cobrir aquelas paredes verdes e continuar a fazer as janelas brilharem. O orgulho e o sentido de apropriação do grupo sobre o espaço inspiraram e motivaram a todos nós. Começamos a trabalhar em projetos colaborativos de longo prazo, nos quais crianças de várias idades sentavam-se lado a lado para criar, avidamente, um Mural da Natureza que mostrasse toda a beleza que seu incrível Condado de Giles tem para oferecer (ver Figura 13.7). Juntos, também criamos uma "Árvore dos Desejos de Yoko Ono", feita de um grande ramo sem folhas achado no meu quintal. A árvore de Yoko Ono enfeita um jardim de esculturas no Smithsonian Institute, em Washington, D.C., e nos inspirou para que ajudássemos uns aos outros a imaginar um mundo mais pacífico. Convidamos as crianças a trabalhar juntas para decorar essa árvore. Foram criados colagens e desenhos para ser pendurados em seus ramos, e, depois, elas começaram a escrever suas esperanças e seus sonhos. Reid (10 anos), cuja casa não estava em paz, escreveu: "O que eu desejo é calma e felicidade". No decorrer de todo esse tempo juntos no ateliê, podíamos ver claramente que os encontros estéticos estavam levando a poderosos momentos de cura (ver Figura 13.8).

Sucesso do programa

Há tantas outras histórias para contar sobre os maravilhosos cozinheiros que chegaram às 5 horas da manhã para fazer pãezinhos de cachorro-quente caseiros (uma tradição na Narrows High School há décadas), sobre Christy e Scott, que apareciam quase todos os dias para servir as crianças e limpar. Há histórias sobre as crianças que chegavam sozinhas em um dos ônibus, de pés descalços e com fome, pois não comiam desde o dia anterior, e da mãe que trazia os filhos cinco dias por semana para que pudessem almoçar e se divertir com outras crianças, apesar de não poder pagar os dois dólares por uma refeição de adulto. E há outra bela história sobre como esse programa foi escolhido como "Melhor Prática dentro do Programa de Almoço de Verão" pelo USDA.

FIGURA 13.7 Consultando guias de flores, árvores, pássaros, borboletas, cobras e cogumelos, as crianças trabalham juntas em um mural da natureza para homenagear o Condado de Giles. Durante essas sessões, havia um ar de alegria criativa na mesa.

Contudo, talvez o resultado mais importante para o *Lunch bunch* e para o GEEP tenha ocorrido quando o coordenador de gestão da prefeitura convidou as crianças a exporem seus trabalhos no Tribunal do Condado. Também chegou uma solicitação para que criassem uma mostra para um festival anual do condado. "Nós vamos ficar famosos!", exclamou uma criança (ver Figura 13.9).

Atualmente, o programa serve mais de 600 refeições infantis por semana e está recebendo cobertura de imprensa nacional por meio do Deparment of Agriculture. (Para mais informações sobre os programas de Summer Lunch, ver usda.gov.) Para mim, tem sido inspirador assistir a Scott e Christy, o grupo GEEP, os cozinheiros e as centenas de voluntários se unirem em benefício das crianças. Acho que nunca tinha visto tantos atos altruístas de pura bondade como esses. Quando pedi a Christy para me ajudar a entender de onde vinha aquilo, ela disse: "Talvez nem sempre nos encontremos pessoalmente, mas viremos quando for necessário – é o Modo Giles de Ser". E Scott prosseguiu com: "De todas as coisas que realizamos na educação, ser capaz de atender a essa necessidade está entre as

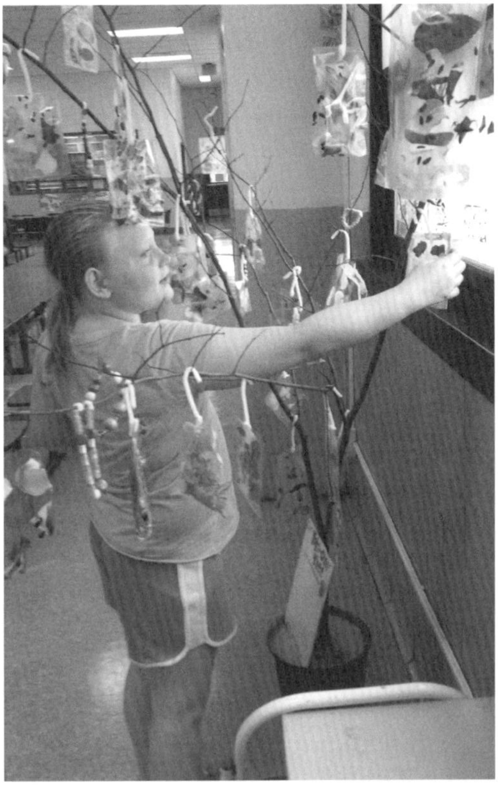

FIGURA 13.8 Emily dá sua contribuição para a nossa Árvore dos Desejos, inspirada na Árvore dos Desejos de Yoko Ono, uma instalação no Smithsonian Sculpture Garden.

FIGURA 13.9 Chris, membro do *Lunch bunch*, mostra que se sente à vontade com os materiais e o estilo artístico distinto que desenvolveu durante o verão. Posteriormente, ele foi indicado e aceito no programa *Gifted Art* de sua escola.

mais importantes". Eu me sinto muito orgulhosa de ter participado desse projeto incrível! Foi uma das experiências mais profundas e significativas da minha vida.

Crianças, materiais e o mundo natural

Louise Cadwell

Até onde a minha memória alcança, sempre adorei andar em matos e campos, ouvindo o canto do pardal-de-garganta-branca e do tordo, sentindo o frio azul do inverno e o calor úmido do verão. O biólogo e ganhador do prêmio Pulitzer E. O. Wilson e o arquiteto Stephen Kellert (1993), entre outros, chamaram a nossa forte conexão com o mundo natural e outras espécies de **biofilia**. O termo significa literalmente "amor à vida ou aos sistemas vivos".

No meu caso, o instinto de amar o mundo foi alimentado pela minha mãe. Como explica Rachel Carson, autora de *The sense of wonder* (1936), para se apaixonar pelo mundo, precisamos de um guia adulto que conheça e ame o mundo natural, além de nos incentivar a aproveitar muito tempo livre para brincar, olhar de perto, imaginar. Minha mãe, que foi a minha primeira professora, era esse tipo de guia. Ela adorava estar ao ar livre, e foi assim que eu passei a maior parte do meu tempo com ela. Ao seu lado, vagueei por nosso bairro de St. Louis com seus carvalhos altos, o lago com sapos enormes, refúgios e caminhos cheios de verde. No verão, viajávamos para o litoral do Maine e eu continuava a segui-la, de mãos dadas, nos matos perenes, nos campos para colher mirtilo, enfiadas até o joelho em arbustos carregados de frutas, ou para fazer um piquenique nas rochas de granito quente que levavam ao mar.

Aprendi a amar o mundo com ela. Eu também adorava desenhar, pintar e fazer coisas que eu estava começando a ver mais intensamente. Como eu nasci 12 anos depois da minha irmã mais próxima, minha mãe teve tempo de compartilhar comigo as coisas de que mais gostava. Foi por meio dessas primeiras experiências e memórias que nasceu o meu amor pelo mundo natural e pelos materiais. No entanto, não importa em que tipo de vida nasçamos, esses instintos pertencem a todos nós. As escolas em que a imaginação prospera podem contribuir com muitas experiências para a vida e a aprendizagem, as quais têm potencial de transformar a vida das pessoas. É disso que este livro trata.

Vea Vecchi (2010) nos lembra de que a estética faz parte da vida de nossa espécie, que é ancestral. Isso inclui nossa resposta ao mundo e como o moldamos, em imagens ou em linhas ou cores, em palavras ou gestos. A psicóloga, educadora infantil e pesquisadora Rhoda Kellogg (1970) nos mostrou que, desde o início da história da humanidade, crianças de todo o mundo, não importa onde vivessem, faziam marcas com gravetos na areia, mãos na lama, lápis em papel em gestos instintivos de círculos e linhas, pontos e mandalas. Começamos nossa vida com essas habilidades em nosso DNA. Elas fazem parte de quem somos.

É emocionante pensar que os instintos naturais de biofilia e estética já fazem parte de nós quando começamos nossa jornada na vida. Pensar que a conexão com o mundo natural – a luz, o verde, o canto dos pássaros, os hábitats onde nos encontramos – é o que procuramos. É igualmente maravilhoso que tenhamos um impulso para compreender as coisas e que tenhamos um gene estético e um gene da curiosidade que nos levem a desenhar, esculpir, fascinar-nos e contar histórias.

Quando cheguei às escolas municipais para crianças pequenas em Reggio Emilia, em 1991, vi tudo o que a maioria de nós poderia sonhar que fizesse parte da vida humana, não só para crianças pequenas, mas para todos nós: belos espaços dançando à luz natural, pátios interiores com folhagens e árvores, lugares para se sentar em meio a esculturas feitas por crianças. Vi as ideias das crianças, cheias de imaginação e percepção, lindamente montadas e expostas nas paredes, juntamente com trabalhos em muitos meios diferentes. Testemunhei o tempo generoso, o ritmo de vida amigável, as crianças animadas e envolvidas, os professores bem atentos concebendo ambientes e experiências que desafiavam e deleitavam seus pequenos alunos, onde prazer e esforço somavam forças e resultavam em uma aprendizagem profunda e duradoura que era compartilhada com a comunidade.

Os instintos de se conectar à natureza e uns aos outros, de entender o nosso mundo e de encontrar muito prazer em pensar profundamente e em nos comunicarmos de formas diversas e criativas ainda são alimentados nas escolas de Reggio Emilia. Tantos anos depois do meu primeiro contato, o trabalho das creches e escolas de educação infantil de Reggio Emilia e do Loris Malaguzzi International Center tem se tornado cada vez mais rico e intenso.

Muitos educadores em escolas de todo o mundo se inspiram no trabalho de Reggio Emilia. Na verdade, somos uma grande comunidade de aprendentes que tivemos a sorte de viver em uma época em que existe um sistema escolar tão bonito e bem desenvolvido, que acredita em toda a gama da inteligência e criatividade humana e a torna visível. Gostaria de descrever uma das escolas inspiradas no trabalho de Reggio Emilia que passei a conhecer bem nos últimos 15 anos, a Opal School, um programa do Portland Children's Museum, que inclui uma pré-escola privada e uma *charter school* da educação infantil ao 5º ano. No Capítulo 12, Susan MacKay dá uma ideia da vida e do trabalho dessa escola.

Ao voltar de sua primeira visita às Municipal Early Childhood School de Reggio Emilia, em 1993, a diretora-fundadora da Opal School, Judy Graves, trouxe consigo uma ideia. Ela e um grupo de educadores colaboradores queriam fundar uma escola para alunos do ensino fundamental nos Estados Unidos, da pré-escola até o 5º ano, inspirada e construída sobre os princípios e práticas das escolas municipais de Reggio Emilia. Com uma enorme quantidade de trabalho e dedicação, bem como o apoio da comunidade, a Opal foi inaugurada em 2001. Há muitos motivos para frequentar essa escola e aprender com ela. Acima de tudo, quero enfatizar vários aspectos do trabalho dela com materiais e o mundo natural.

Assim como as escolas de Reggio Emilia, muitas das salas da Opal são inundadas por luz, e seu formato seria considerado biofílico, pois favorece a nossa necessidade e o nosso desejo de nos conectarmos com o mundo natural. Uma das minhas salas favoritas parece uma casa na árvore, visto que está rodeada de janelas em três lados. Loris Malaguzzi costumava dizer que eles queriam projetar as escolas em Reggio Emilia para que fossem como aquários, de modo que observassem o mundo e o mundo as observasse, incorporando transparência, conexão e beleza. A Opal é um bom exemplo desse tipo de pensamento sobre os espaços escolares (ver Figura 13.10).

Ao percorrermos os ateliês e as salas da Opal, encontramos todos os tipos de materiais, organizados de forma muito bonita e amplamente utilizados. Muitos deles são naturais – folhas, sementes, pinhas, pétalas, pedras –, e são coletados por crianças e suas famílias e por professores nas paisagens terrestres e marítimas muito diversificadas e exuberantes de Oregon. Esses materiais são usados de formas inventivas, criativas e naturais por crianças e professores. Susan descreve vários exemplos excelentes no Capítulo 12.

Para além do que consideramos materiais naturais, quase todos os que juntamos e com os quais trabalhamos, em sua forma bruta, são elementos da Terra. Por exemplo, argila, pigmento, fibra, tinta, arame, metal. E cores, texturas, formas, formatos e linhas – esses são os elementos que vemos e observamos no mundo. Também são os elementos que usamos para criar com os materiais.

Onde todos começamos? Como convidamos, encantamos ou preparamos o cenário para que as crianças queiram contar histórias, ilustrar uma teoria ou explorar e expressar um sentimento ou uma ideia? Os educadores de Reggio Emilia muitas

FIGURA 13.10 Projeto biofílico na Opal School, do Children's Museum de Portland.

vezes começam com uma pergunta, um conjunto de materiais organizados ou uma experiência que desencadeie a imaginação, as teorias, o diálogo e a ação das crianças. Eles se referem a esses pontos de partida como provocações. As provocações geralmente vêm de se observar de perto o que as crianças estão naturalmente fazendo e dizendo. Seu objetivo é envolver a todos em um pensamento mais profundo. Uma provocação é composta de uma sugestão e um convite, um lugar para começar que envolva a imaginação tanto de crianças como de professores. É um catalisador que inspira novas ideias, conexões e ações. Muitos capítulos deste livro exploram a prática de conceber provocações para dar suporte a um ensino e uma aprendizagem envolventes.

Na Opal School, em todos os lugares que você olha, há perguntas ou conjuntos e arranjos irresistíveis de materiais que são convites específicos para começar em algum lugar (ver Figura 13.11). Os professores da Opal decidiram imprimir muitas dessas perguntas provocativas e exibi-las em quadros ou molduras de acrílico, ou escrevê-las na parede, em letras grandes. A escola parece estar vivendo em questionamentos maravilhosos. No espírito dessas provocações, gostaria de voltar a uma pergunta com você:

> Quais tipos de disposições, habilidades e compreensão se desenvolvem em nossos alunos quando seus instintos para amar o mundo natural e para responder e compreender sua experiência são

FIGURA 13.11 Prateleiras com materiais naturais na Opal School.

alimentados e desenvolvidos integralmente?

Fiz a mesma pergunta ao grupo de cerca de 200 participantes do Simpósio da Opal School, em junho de 2014, depois de mostrar muitos exemplos de Reggio Emilia sobre o trabalho das crianças com materiais naturais. O meu contexto principal para essa apresentação foi o projeto sobre árvores, que testemunhei na Diana School durante o ano em que morei em Reggio Emilia e sobre o qual escrevi em *Bringing Reggio Emilia home* (CADWELL, 1997). A Diana School está no meio do jardim público e é rodeada por árvores. Entre outras experiências de aprendizagem desse projeto, descrevi as observações cuidadosas das crianças sobre as árvores durante as estações, em diferentes circunstâncias e condições climáticas. Também mostrei as teorias das crianças sobre por que as árvores são importantes, expressas em palavras, em desenhos e em argila.

Os participantes abordaram a pergunta que fiz, dizendo que os alunos iriam:

- ver como as coisas estão conectadas;
- observar e conhecer os ciclos e sistemas do mundo natural;
- assumir riscos;
- reconhecer a beleza em tudo à sua volta;
- querer estar ao ar livre;
- sentir-se confiantes e preparadas;
- ter elevada estima, uma vez que estariam desenvolvendo habilidades sólidas na comunicação;
- ser colaboradoras e inventoras;
- tornar-se cidadãos envolvidos;
- ser capazes de resolver problemas e pensar fora dos padrões;
- querer proteger os hábitats naturais e ver o quadro geral de como eles estão conectados e tudo está ligado a tudo;
- sentir-se esperançosos;
- ver o futuro;
- trabalhar para tornar as coisas bonitas.

Todos esses sonhos para nossos filhos e para nós mesmos podem ser realizados. Não somos programados apenas para adorar o mundo natural, produzir sentido e entender. Estamos preparados para ser criativos, trabalhar juntos, inventar, ser alegres, buscar e encontrar beleza, ser cidadãos envolvidos. Precisamos construir escolas que estejam à altura das capacidades, das necessidades e dos direitos inerentes que cada um de nós tem para desenvolver plenamente o nosso enorme potencial – para nós mesmos, nossas famílias, nossas comunidades, a serviço do futuro saudável e esperançoso que todos queremos criar (ver Figura 13.12).

REFERÊNCIAS

CADWELL, L. *Bringing Reggio Emilia home: an innovative approach to early childhood education.* New York: Teachers College, 1997.

CARSON, R. *The sense of wonder.* New York: Harper Collins, 1936.

GILES COUNTY (Virginia). *Community health needs assessment.* 2012. Disponível em: <issuu.com/carilion-clinic/docs/giles_chna_2012>. Acesso em: 23 jul. 2018.

KELLERT, S. R.; WILSON, E. O. *The biophilia hypothesis.* Washington: Island, 1993.

KELLOGG, R. *Analyzing children's art.* Palo Alto: National Press Books, 1970.

VECCHI, V. *Art and creativity in Reggio Emilia: exploring the role and potential of ateliers in early childhood education.* New York: Routledge, 2010.

FIGURA 13.12 Autorretrato com materiais naturais na The College School.

VECCHI, V. The city in waiting, & Children, art and artists. Presentations at *Creativity doesn't fall from the sky: Education and the expressive languages.* Promovido pelo St. Louis Collaborative, em parceria com Webster University e Washington University, St. Louis, 2004.

VECCHI, V.; GIUDICI, C. (Eds.). *Children, art, and artists: the expressive languages of children, the artistic language of Albero Burri.* Reggio Emilia: Reggio Children, 2004.

WEISS, C.; LICHTENSTEIN, A. (Eds.). *AIMPrint: new relationships in the arts and learning.* Chicago: Columbia College, 2008.

Leitura recomendada

HUDGINS, P. *The wind blew* (reissued ed.). New York: Alladin, 1993.

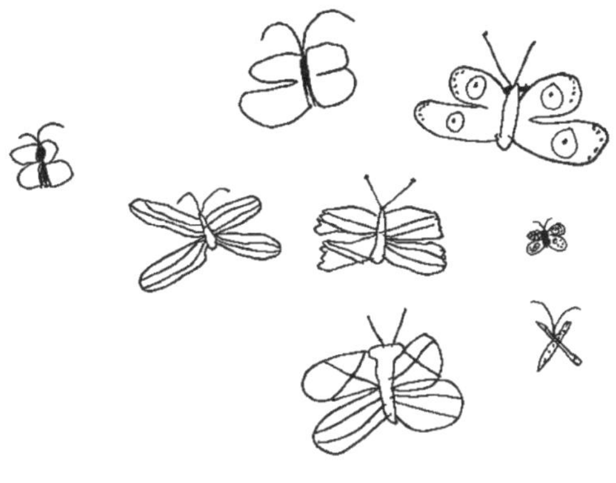

Epílogo

Terminamos como começamos, com as palavras de Loris Malaguzzi (2012), enquanto continuamos a destacar seu compromisso com as crianças. Aqui, ele fala com Lella Gandini sobre a gênese e o sentido da criatividade, durante uma entrevista em 1990:

> Como escolhemos trabalhar com crianças, podemos dizer que elas são as melhores avaliadoras e as juízas mais sensíveis dos valores e da utilidade da criatividade. Isso ocorre porque elas têm o privilégio de não estar excessivamente presas às suas próprias ideias, as quais elas constroem e reinventam continuamente. São capazes de explorar, fazer descobertas, mudar de ponto de vista e se apaixonar por formas e sentidos que as transformam.

Como não consideramos a criatividade sagrada, nem algo extraordinário, logo a compreendemos como algo que surgirá da própria existência. Essa visão agora é compartilhada por muitos. Podemos resumir nossas crenças da seguinte forma:

1. A criatividade não deve ser considerada uma faculdade mental separada, mas sim uma característica de nossa maneira de pensar, conhecer e fazer escolhas.
2. A criatividade parece surgir de experiências múltiplas, juntamente com um desenvolvimento bem sustentado de recursos pessoais, incluindo um sentido de liberdade para se aventurar além do conhecido.
3. A criatividade parece se expressar por meio de processos cognitivos, afetivos e imaginativos, que se juntam e apoiam as habilidades de prever e chegar a soluções inesperadas.
4. A situação mais favorável para a criatividade parece ser a troca interpessoal, com a negociação de conflitos e a comparação de ideias e ações sendo os elementos decisivos.
5. A criatividade parece encontrar seu poder quando os adultos ficam menos presos a métodos prescritivos e se tornam observadores e intérpretes de situações problemáticas.
6. A criatividade parece ser favorecida ou desfavorecida de acordo com as expectativas de professores, escolas, famílias e comunidades, bem como a sociedade em geral, segundo as maneiras com que as crianças percebem essas expectativas.

FIGURA E.1 No ateliê da La Villetta School, uma menina de 5 anos explora a projeção de luzes e cores, parte de uma história sobre robôs criada por um grupo de crianças, com o atelierista e seus professores.

7. A criatividade fica mais visível quando os adultos tentam estar mais atentos aos processos cognitivos das crianças do que aos resultados alcançados em vários campos do fazer e do entender.
8. Quanto mais os professores estiverem convencidos de que as atividades intelectuais e expressivas têm possibilidades de multiplicação e unificação, mais a criatividade favorecerá trocas amigáveis com imaginação e fantasia.
9. A criatividade exige que a *escola do saber* encontre conexões com a *escola do expressar*, abrindo as portas (este é o nosso *slogan*) para as cem linguagens das crianças.

Muitas vezes, quando vêm até nós e observam as nossas crianças, as pessoas nos perguntam qual é a mágica que usamos. Respondemos que a surpresa delas é igual à nossa. Criatividade? É sempre difícil perceber quando ela está vestida com roupas do dia a dia e consegue aparecer e desaparecer de repente. Nossa tarefa em relação à criatividade é ajudar as crianças a escalar suas próprias montanhas, o mais alto possível. Ninguém pode fazer mais.

REFERÊNCIA

MALAGUZZI, L. History, ideas, and philosophy: an interview with Lella Gandini. In: EDWARDS, C.; GANDINI, L.; FORMAN, G. (Eds.). *The hundred languages of children: the Reggio Emilia experience in transformation*. 3. ed. Santa Barbara: Praeger, 2012. p. 27-72.

Glossário

Amabilidade: Loris Malaguzzi fala de uma escola amável como um ambiente onde crianças, familiares e professores sintam-se à vontade – um objetivo das escolas de Reggio Emilia (ver Capítulo 9).

Ateliê: palavra de origem francesa que se refere ao tipo de local de trabalho usado normalmente por artistas na segunda metade do século XIX e na primeira metade do século XX. O termo foi escolhido por Loris Malaguzzi para diferenciar esse espaço da sala de artes usada em escolas fundamentais tradicionais e para introduzir um novo modo de trabalhar, que valorizasse a expressão das crianças, a multiplicidade de materiais e a pesquisa sobre os processos de significação da criança e do adulto (ver Capítulo 2).

Atelierista: pessoa com formação em artes visuais, que trabalha em íntima cooperação com os professores para fornecer e organizar uma ampla variedade de materiais e ferramentas na escola e provocar e observar os processos criativos e de aprendizagem das crianças. O atelierista ajuda os professores no processo e no desenvolvimento da comunicação e da documentação (ver Capítulo 2).

Biofilia: vínculo instintivo entre seres humanos e outros sistemas vivos; termo introduzido por Edward O. Wilson em 1984 (ver Capítulo 13).

Ciclo de investigação: Jeanne Goldhaber, Dee Smith e colaboradores da University of Vermont usam o termo para descrever o processo de documentação da aprendizagem das crianças e dos professores. Cada passo na documentação representa um processo de investigação que se baseia no passo anterior e determina os seguintes, repetindo-se em uma espiral crescente (ver Capítulo 8).

Contaminação/contaminado: na abordagem de Reggio Emilia, esse termo não tem significado negativo, mas sim aponta para a mudança por meio da absorção de elementos novos e geralmente enriquecedores, como no modelo linguístico (ver Capítulo 6).

Conversa científica: diálogo aberto em sala referência no qual as crianças são convidadas a falar e a compartilhar suas teorias sobre questões complexas e, às vezes, não respondidas da ciência. O diálogo é coordenado pelo professor com crianças, que se sentam em roda. Elas são incentivadas a participar de forma natural, partindo das ideias umas das outras e conectando intencionalmente suas teorias. Na Opal School, as conversas científicas costumam ser seguidas de um convite para desenhar ou trabalhar com outros materiais para capturar as teorias individuais e daquele momento específico (ver Capítulo 12).

Dimensões estética e poética: termos usados em Reggio Emilia para descrever diferentes conceitos e processos que são muito próximos entre si em termos de sentido. A estética é definida como um ramo da filosofia que trata da natureza e da valorização da arte e da beleza. Nas escolas municipais para crianças pequenas de Reggio Emilia, esses termos se referem à atenção dada ao *design* do ambiente, aos materiais oferecidos às crianças, à maneira ampla com que o mundo é pesquisado e descoberto usando todas as disciplinas e à forma do trabalho de crianças e educadores, que é mantida unida por uma sensação de integralidade, maravilha e beleza (ver Capítulo 3).

Emprestar conhecimento: os educadores de Reggio Emilia sugerem que há momentos em que adultos ou crianças podem apoiar a aprendizagem individual ou de grupo, oferecendo informação, técnica ou ajuda (ver Capítulo 11).

Escuta recíproca: Carla Rinaldi, presidente da Reggio Children, usa a expressão para descrever o princípio e a prática da escuta como a ferramenta mais importante que os professores têm para entender teorias, ideias, pensamentos e sentimentos das crianças. Essa é uma prática essencial para uma escola que acredita na inteligência e na criatividade poderosas das crianças (ver Capítulo 5).

Exposição *Wonder of learning*: uma exposição internacional itinerante com trabalhos de crianças e seus processos de aprendizagem, cujos curadores são educadores e *designers* de Reggio Emilia, na Itália (ver Capítulo 11).

Intersubjetividade: enfatiza que a cognição compartilhada e o consenso são essenciais para moldar nossas ideias e relações (ver Capítulo 9).

Materiais inteligentes: nas escolas municipais para crianças pequenas de Reggio Emilia, materiais de todos os tipos costumam ser chamados de "materiais inteligentes". A expressão sugere que, se os materiais forem de caráter aberto e de boa qualidade, as crianças podem encontrar muitas formas diferentes, inventivas e engenhosas de usá-los para criar soluções e estratégias inteligentes (ver Capítulo 11).

Miniateliê: espaço montado dentro ou próximo a cada sala referência, organizado como um espaço convidativo, com muitos materiais. O miniateliê é semelhante ao ateliê central, mas em escala menor, e possibilita que grupos pequenos de crianças trabalhem juntos, com ou sem um professor (ver Capítulo 4).

Pedagogista: existem oito pedagogistas na cidade de Reggio Emilia, que trabalham em grupo para apoiar as 33 instituições de educação infantil, creches e pré-escolas da cidade. Nessa função complexa, eles apoiam o trabalho dos professores, enriquecem seu desenvolvimento profissional, ajudam em sua relação com as famílias e facilitam a conexão entre os professores e a direção das escolas (ver Capítulo 2).

Pesquisa-ação: método utilizado na pesquisa qualitativa, o qual inclui um ciclo de investigação e ação. A pesquisa-ação está relacionada a uma *pedagogia da escuta*, bem como a uma *pedagogia dos relacionamentos*, e impulsionou muitos projetos nas escolas, os quais são descritos nas páginas deste livro. A mudança e a evolução podem ser produtos da pesquisa cooperativa, da escuta e da observação cuidadosas, bem como de ações (ver Capítulo 9).

Possibilidades: as propriedades inerentes a um objeto ou material que levam mais facilmente a ação sobre ele ou à sua transformação. No caso das artes visuais, uma possibilidade refere-se à facilidade de transformar um material específico que pode levar à representação simbólica e à expressão de um pensamento, uma ideia ou uma emoção (ver Capítulo 6).

Projeto: nas escolas de Reggio Emilia, o significado dessa palavra varia de acordo com o contexto. Portanto, ao traduzir, adotamos os seguintes termos.

Projeto educacional geral: quando os educadores se referem à filosofia, à organização, à prática e às estratégias que orientam seu trabalho em sua cidade.

Trabalho baseado em projetos: quando os educadores de Reggio falam de seu modo cotidiano de trabalhar em suas escolas.

Reconhecimento: "levantamentos" ou "panoramas", utilizada quando os professores, entre eles ou com um pedagogista, fazem um balanço de todos os aspectos ligados ao desenvolvimento do seu trabalho ou de um projeto específico para tomar decisões sobre o próximo passo (ver Capítulo 4).

Índice

B

C

D